STRESS
ET
ANXIÉTÉ

ARIANE HÉBERT, PSYCHOLOGUE

STRESS ET ANXIÉTÉ

STRATÉGIES ET TECHNIQUES POUR LES GÉRER

ÉDITIONS DE MORTAGNE

Catalogage avant publication de Bibliothèque et Archives nationales du Québec et Bibliothèque et Archives Canada

Titre : Stress et anxiété : stratégies et techniques pour les gérer / Ariane Hébert.

Noms : Hébert, Ariane, 1974- auteur.

Description : Mention de collection : Boîte à outils

Identifiants : Canadiana (livre imprimé) 20200086677 | Canadiana (livre numérique) 20200086685 | ISBN 9782897921699 | ISBN 9782897921705 (PDF) | ISBN 9782897921712 (EPUB)

Vedettes-matière : RVM : Gestion du stress. | RVM : Anxiété.

Classification : LCC RA785.H43 2020 | CDD 155.9/042—dc23

Édition
Les Éditions de Mortagne
Case postale 116
Boucherville (Québec)
J4B 5E6
editionsdemortagne.com

Images en couverture
© iStockphoto / © VectorStock

Mise en pages
Ateliers Prêt-Presse

Dépôt légal
Bibliothèque et Archives Canada
Bibliothèque et Archives nationales du Québec
Bibliothèque nationale de France
4e trimestre 2020

Imprimé au Canada

Financé par le gouvernement du Canada | Canada

Gouvernement du Québec – Programme de crédit d'impôt pour l'édition de livres – Gestion SODEC.

ASSOCIATION NATIONALE DES ÉDITEURS DE LIVRES

Membre de l'Association nationale des éditeurs de livres (ANEL)

Une pensée n'est pas un fait.

N'allez surtout pas croire tout ce que vous pensez.

Table des matières

Introduction

L'idée d'écrire ce guide a germé dans mon esprit il y a un bon moment déjà, pour plusieurs raisons. D'abord, parce que j'ai pris un grand plaisir à faire des recherches et à rédiger des livres portant sur l'anxiété des enfants[1]. Ensuite, j'ai constaté que le stress et l'anxiété accablaient un nombre très élevé de gens et, sans nécessairement provoquer ce que les psys appellent des « ruptures de fonctionnement », minaient sérieusement la qualité de vie de plusieurs.

L'écriture de ce bouquin est devenue prioritaire dans mon emploi du temps avec l'arrivée de la pandémie et du confinement. Dès le début, les effets de la crise ont été ressentis dans ma pratique privée ; une vague de demandes nous a prises de court, toute l'équipe d'intervention et moi. Malgré nos capacités à trouver des solutions ou à innover rapidement, maintes fois mises à l'épreuve, nous avons ressenti une grande impuissance devant l'ampleur de la souffrance qui nous était témoignée.

Ce guide a donc pour objectif de vous accompagner, si vous vivez du stress et de l'anxiété, dans votre démarche de saine gestion de vos émotions. Il ne remplacera pas l'aide d'une ou

---

1. *Anxiété : la boîte à outils* et *L'anxiété racontée aux enfants*, tous deux publiés aux Éditions de Mortagne.

d'un professionnel, si votre état le nécessite, mais il peut vous donner l'élan nécessaire pour effectuer de légers ou de grands changements, qui ultimement s'avéreront peut-être suffisants. Ne perdons pas de vue qu'il est très normal (voire souhaitable) de vivre du stress et de l'anxiété, tout comme il est possible que vos facultés d'adaptation vous permettent de bien les gérer. Connaître des stratégies et techniques pour mieux composer avec ces petites bêtes ne peut cependant jamais nuire...

Mon souhait est aussi de vous rendre proactif ou proactive, en vous renseignant suffisamment et en vous offrant des moyens préventifs pour que le stress et l'anxiété ne vous submergent jamais.

Pour rendre compte de la diversité des manifestations que peut susciter l'anxiété et pour que les propos soient illustrés de façon plus concrète, le livre est ponctué de **Récit de psy**, qui racontent des anecdotes tirées de ma vie professionnelle ou personnelle. Les encadrés **Un p'tit plus** présentent pour leur part des données scientifiques dignes d'intérêt, en lien avec les sujets discutés. Enfin, dans le but de vous aider à cerner avec précision vos difficultés et de guider votre réflexion, plusieurs encadrés intitulés **Remue-méninges** vous invitent aussi à vous questionner.

Il est certain que ce guide ne vous fournira pas une recette miracle à appliquer avec rigueur. Vous devrez probablement adapter ce que vous lirez, en fonction de votre réalité et de votre état de santé, puis, obligatoirement, entrer en action. Je croise néanmoins les doigts pour qu'il soit, d'une façon ou d'une autre, porteur de différence, et vous souhaite une bonne lecture.

Ariane

C'est quoi, ça ?

DÉFINITIONS DU STRESS ET DE L'ANXIÉTÉ

Le stress et l'anxiété sont, dans la littérature scientifique, des concepts différents. En somme...

- Le **stress** est déclenché par des événements actuels, c'est-à-dire qui se déroulent *ici et maintenant* ou se produiront dans un avenir très rapproché. Il entraîne une réaction de l'organisme nous permettant de faire face à une menace ou à une agression, réelle ou perçue. Cette réaction s'accompagne d'un inconfort corporel plus ou moins important.

Roxane est prise dans un bouchon de circulation. Une voiture se faufile à vive allure devant elle; celle de derrière se tient beaucoup trop près. On entend le bruit des klaxons et celui des freins qui crissent. Roxane est stressée.

Le stress peut par ailleurs devenir chronique, quand il est ressenti constamment, comme nous le verrons plus loin.

- L'**anxiété** est, pour sa part, une peur projective ou anticipative, c'est-à-dire orientée vers un avenir plus lointain. Cet état de trouble et d'agitation est aussi accompagné d'un malaise physique, au degré d'intensité variable. Les inquiétudes soulevées sont souvent excessives, voire irréalistes, et généralement alimentées par la métacognition – notre petite voix intérieure.

Hugo est pris dans la circulation. Les voitures sont immobiles et aucun mouvement n'est observable, d'aussi loin qu'il puisse voir la route. L'heure avance et il anticipe son retard à la garderie, où il doit récupérer son garçon avant la fermeture. Hugo est anxieux.

Bien que défendables, les différences entre le stress et l'anxiété sont parfois difficiles à cerner dans la réalité. Puisque ces états peuvent tous deux entraîner un sentiment de détresse importante, ces termes seront utilisés dans le présent ouvrage pour désigner des réactions à des situations et événements autant stressants qu'anxiogènes, sans discrimination.

Dans tous les cas, la réponse de l'individu aux prises avec du stress ou de l'anxiété s'opère sur deux fronts. La réponse cognitive (sur le plan de la pensée et des perceptions) se manifeste par la crainte de ne pas être en mesure de gérer l'événement, par manque de ressources ou en raison de contraintes liées à la situation. Cette évaluation est personnelle et subjective, donc ne se base pas nécessairement sur des faits. Parallèlement, une grande activation de l'organisme, causant des tensions et des malaises, représente la réponse somatique (les symptômes physiques).

Le niveau de stress ou d'anxiété ressentis (au plan émotionnel tout comme corporel) sera donc influencé par la perception d'un décalage entre la situation à aborder et notre capacité à le faire.

Cependant, d'autres variables entrent aussi en jeu ; l'importance que revêt la réussite de la tâche en est une.

Ainsi, à titre d'exemple :

- Si je crois avoir les capacités de mener à bien le projet que m'a confié mon patron, je ne serai pas anxieux.

  ↪ **Confiant ≠ Anxieux**

- Si j'estime ne pas avoir les ressources nécessaires pour répondre à sa demande (j'ai de faibles connaissances, peu d'habiletés ou encore de savoir-faire, le temps qui m'est alloué semble insuffisant, je manque de caféine ☺) et que cela est important pour moi, je ressentirai de l'anxiété.

  ↪ **Peu confiant + situation importante = Anxieux**

- MAIS, même dans le cas où je considérerais que je n'ai pas les ressources nécessaires, si je n'accorde aucune importance au fait de répondre à sa demande (parce que je compte quitter mon emploi ; parce que j'ai une faible estime de mon patron ; parce que d'autres que moi porteront le blâme ; parce que je ne vois pas l'utilité de ce qui m'a été demandé ; etc.), je ne vivrai pas d'anxiété.

  ↪ **Peu confiant + situation pas importante ≠ Anxieux**

L'incertitude quant au résultat est une autre variable qui influencera le stress ou l'anxiété éprouvés dans une situation particulière. Alors que certaines recherches[2] avancent que plus un individu envisage l'échec comme étant hautement probable, plus le niveau d'anxiété ressentie est élevé, d'autres[3] soutiennent qu'au contraire, le fait de croire que l'échec est imminent diminue l'anxiété, comme si la défaite était acceptée.

Échec assuré = Moins d'anxiété

L'hypothèse selon laquelle le succès et l'incertitude sont liés est très intéressante également : si on se fie à ce modèle de U inversé[4], plus un individu est sûr de réussir ou d'échouer, moins il est anxieux. C'est donc l'inconnu qui est difficile à tolérer.

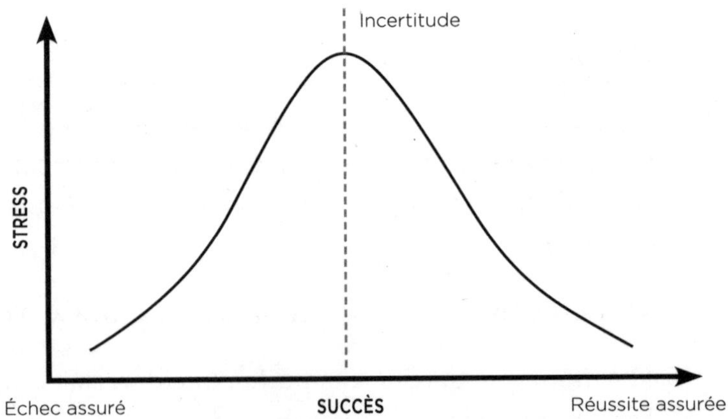

2. J. E. McGrath (1970). « A Conceptual Formulation for Research on Stress », J. E. McGrath, éd. *Social and Psychological Factors in Stress,* New York, Holt, Rinehart and Winston, p. 1-13.
3. D. Mechanic (1970). « Some Problems in Developing a Social Psychology of Adaptation to Stress », *ibid.*, p. 104-123.
4. R. Martens, R. S. Vealey et D. Burton (1990). *Competitive Anxiety in Sport,* Champaign (IL), Human Kinetics.

Cela signifie donc que :

- Si je participe à une compétition de gymnastique et que je me démarque clairement de la concurrence, de calibre inférieur, je ne serai pas anxieux.

  ➥ **Sûr de gagner ≠ Anxieux**

- Si je prends part à une compétition pour m'habituer au déroulement de ce type d'événement, mais que je n'ai assurément aucune chance de gagner, je ne serai pas anxieux.

  ➥ **Sûr de perdre ≠ Anxieux**

- Si je suis inscrit à une compétition dont l'issue est incertaine, je serai anxieux.

  ➥ **Incertain = Anxieux**

La courbe de Yerkes-Dodson[5], souvent citée dans les ouvrages sur le stress et l'anxiété, elle aussi en forme de U inversé, illustre pour sa part la relation entre la performance et le niveau de stress ressenti.

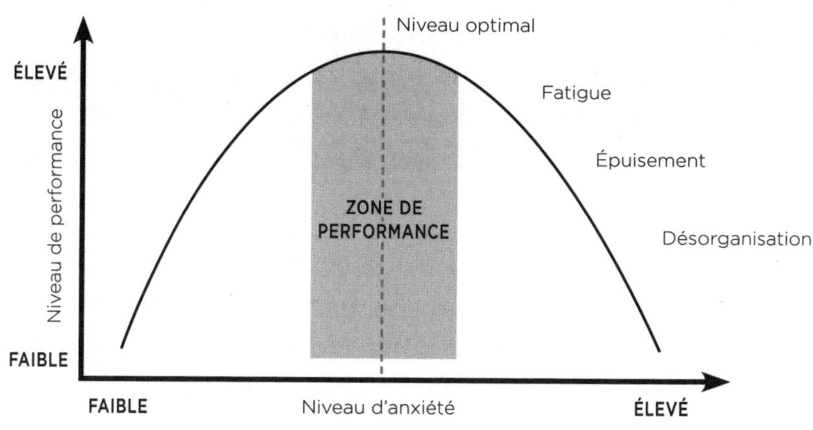

---

5. La loi de Yerkes et Dodson (1908) établit un lien entre performance et motivation.

À un certain degré, le stress entraîne une augmentation de la vigilance et une amélioration de la performance. Certaines théories vont même jusqu'à soutenir que, sans lui, peu d'entre nous feraient grand-chose (conception très valorisante pour la race humaine!). Il n'est donc pas souhaitable (ni réaliste d'ailleurs) de chercher à l'anéantir. Une dose optimale favorise la mobilisation et la motivation... jusqu'au point où tout bascule. Non seulement trop de stress cause un malaise important, mais cela affecte également la performance. La vigilance est alors mal orientée, les signes de désorganisation se multiplient et l'épuisement se fait ressentir.

Ainsi, une personne légèrement stressée ou anxieuse quant à une présentation à faire devant des collègues, par exemple, sera certainement plus encline à lui consacrer quelques minutes de préparation dans les jours qui la précèdent. Elle ne parviendra souvent à se mobiliser que si la menace de paraître incompétente plane au-dessus de sa tête, ce qui entraînerait à son tour des conséquences sur son estime, sa relation avec ses pairs, son image auprès de la direction, etc. Sinon, à quoi bon?

Le fait de ressentir une légère anxiété dans de nouvelles situations sociales ou face à des inconnus peut également encourager l'adoption de comportements prosociaux (tels que la politesse, le partage, la coopération) ainsi que l'inhibition de comportements impulsifs. Cela conduit à l'acceptation par les autres.

L'anxiété peut aussi mener l'individu à faire de la prévention. L'adulte qui craint de se voir coller une contravention parce qu'il roule trop vite adoptera une conduite plus prudente, en respectant les limites de vitesse. De la même façon, face à l'éventualité d'attraper la COVID-19, l'ado conviendra de façon autonome de rester à la maison et d'avoir des contacts virtuels avec sa gang... dans la mesure cependant où ses craintes surpassent son sentiment de perte.

En soi, l'anxiété n'est pas mauvaise. C'est lorsqu'elle est excessive qu'on voit poindre les difficultés. L'élève démesurément anxieux avant son examen risque fort bien d'obtenir des résultats non représentatifs de ses capacités ou de sa préparation. Le moment venu, il anticipera probablement ce qui surviendrait s'il échouait, plutôt que de concentrer son attention sur les questions posées et les réponses à fournir. Il imaginera alors déjà la désapprobation de ses parents, les moqueries de sa fratrie, les regards méprisants des autres élèves et le désespoir de son ou sa prof.

Une autre jeune sera, pendant sa compétition sportive, envahie par des nausées, des vertiges et des tremblements. Cela l'empêchera de visualiser son mouvement et d'exécuter sa séquence comme elle en était pourtant capable durant l'entraînement.

Lors de sorties en public, l'individu souffrant d'anxiété sociale investira toute son énergie dans la recherche d'indices d'une menace compromettant son intégrité ou son image, au détriment bien entendu du plaisir qu'il pourrait éprouver avec les autres.

LE STRESS : DU VRAI CINÉ !

Sonia Lupien, neuroscientifique québécoise de renom, soutient que le stress est déclenché dans le cas où l'une ou l'autre de ces composantes – regroupées sous l'acronyme **CINÉ** – caractérise une situation :

- Le manque de **C**ontrôle : le sentiment d'impuissance, l'impression de ne pas contrôler la situation ou de ne pas être en mesure de l'influencer engendrent du stress.

Patrick travaille dans l'entreprise familiale présidée par son père. Malgré ses longues années d'expérience et son implication dans toutes les opérations de la boîte, ses décisions sont parfois annulées de façon irrévocable par ce dernier, qui considère qu'il détient tous les pouvoirs.

- L'**I**mprévisibilité : faire face à un événement complètement inattendu ou ne pas savoir d'avance ce qui va se produire suscite également du stress.

  Emma commence l'université en septembre, mais la crise sanitaire l'oblige à suivre ses premiers cours par vidéoconférence, de sa maison. Privée du contact avec ses pairs et le personnel enseignant, elle ne connaît personne dans son domaine d'étude à qui se référer en cas de difficultés. Elle ne peut pas non plus profiter de l'ambiance scolaire pour déterminer ce qui est attendu des étudiants et étudiantes de son programme. Par surcroît, les méthodes d'évaluation à distance étant limitées, la façon dont les profs noteront les acquis demeure pour le moment imprécise.

- La **N**ouveauté : lorsque quelque chose qu'on n'a jamais expérimenté antérieurement survient, cela s'accompagne assurément d'une certaine dose de stress.

  Julie revient à la maison avec son premier enfant. Le poupon tout neuf semble parfois inconsolable, malgré les bons soins de ses parents. En dépit de ses cours prénataux, de ses lectures et des conseils de son entourage, la nouvelle maman se sent désemparée face à ce petit être qu'elle voudrait tant savoir comprendre et consoler.

- L'***E**go* menacé : le stress peut aussi découler de l'impression que nos compétences sont mises à l'épreuve ou que nos capacités sont contestées.

Raphaël, craintif de nature, a tardé avant de suivre ses cours de conduite automobile. Maintenant qu'il doit passer l'examen pratique exigé par la Société de l'assurance automobile du Québec, il est excessivement anxieux; et s'il commettait une erreur qui l'empêchait d'obtenir son permis? Que diraient ses parents et son entourage?

Le manque de contrôle, l'imprévisibilité, la nouveauté ou une menace pour l'*ego* provoquent donc une réponse de stress. D'ailleurs, une situation comportant plusieurs variables du CINÉ engendrera inévitablement une sécrétion d'hormones de stress plus importante.

Voyons justement, au chapitre suivant, les réactions physiologiques déclenchées par le stress et l'anxiété.

Ça vient d'où ?

EXPLICATIONS PHYSIOLOGIQUES DU STRESS ET DE L'ANXIÉTÉ

Le cerveau constitue l'équipement le plus évolué et sophistiqué que l'humanité ait connu. Il se maintient constamment en état d'alerte pour détecter de possibles dangers dans son environnement, afin d'assurer la conservation de l'espèce.

Le stress est LA réponse physiologique à une menace perçue; il génère une mobilisation ultrarapide des forces physiques et mentales permettant d'augmenter la vigilance, en plus de préparer instantanément le corps à une action brutale.

Bien que l'anxiété, de son côté, soit souvent irrationnelle et exagérée, la structure du cerveau responsable de moduler les réactions aux événements qui ont une grande importance pour la survie (l'amygdale) n'est malheureusement pas dans le secret. Même les craintes les plus absurdes reçoivent donc un traitement similaire à celui réservé aux menaces réelles et imminentes, indépendamment du fait que l'individu reconnaisse ou non leur caractère irrationnel. Craindre de se faire croquer une jambe par un requin dans un lac au Québec provoque ainsi les mêmes effets que rencontrer le vrai roi lion dans la savane africaine.

D'ailleurs, le cerveau amplifie parfois les dangers détectés, afin que l'individu continue de rechercher des solutions pour se protéger. Rappelant des conditions semblables en apparence ou des événements vécus antérieurement avec plus ou moins de détresse, certaines situations anodines occasionneront conséquemment des réactions de stress violentes.

✚ L'apogée de l'anxiété : la crise de panique

La crise de panique se caractérise par la brutalité de ses manifestations : impression d'étouffement, étourdissements, nausées, difficulté à avaler, paresthésies (picotements, fourmillements), dérangements intestinaux, sudation abondante, mais, surtout et par-dessus tout, conviction de faire une crise cardiaque, d'être en train de mourir ou de devenir fou.

Rien à voir, donc, avec l'état de panique temporaire qui attend au détour tout individu ayant enfermé ses clés dans la voiture, envoyé un courriel trop familier au mauvais destinataire ou fait tomber par inadvertance la bouteille de champagne qu'on devait *popper* en criant « joyeux anniversaire ».

Les symptômes de la crise de panique durent de quelques minutes à plusieurs heures sans s'arrêter et ont une fréquence allant d'une seule occurrence dans une vie jusqu'à plusieurs fois par jour. L'attaque peut être causée par une situation anxiogène à la base (une panne d'ascenseur, par exemple, ou se faire invectiver au travail), mais survient généralement sans crier gare, provoquée par des déclencheurs obscurs, non identifiables et imprévisibles.

En raison de leur violence, les crises de panique sont ardemment redoutées par les gens qui y ont déjà goûté, et leur venue, ou même leur anticipation, peut conduire à un épuisement profond, voire à la dépression. Heureusement, certains traitements psychologiques (notamment la thérapie cognitivocomportementale), combinés ou non à une médication, connaissent des taux de rémission très prometteurs et encourageants.

La peur a d'autre part la particularité d'être contagieuse: les expressions faciales correspondant à cette émotion (yeux écarquillés, sourcils levés, bouche entrouverte, etc.) représentent un signal social important, alertant les autres en présence d'un danger. Le fait de détecter cette émotion chez nos semblables et de la ressentir spontanément, par effet miroir, constitue donc un avantage de survie.

+ Déceler la peur: une aptitude innée

De manière à tester la capacité des nourrissons à détecter l'expression des émotions sur les visages, des scientifiques[6] ont montré à des poupons des expressions de peur et des expressions de joie. Les bébés ont présenté, dès trois mois et demi, un intérêt plus marqué pour les visages effrayés par rapport aux visages souriants, ce qui leur permettrait en fait d'apprendre plus rapidement à prêter attention aux expressions de peur, nettement moins communes que les expressions de joie.

Cela étant, bien que se retrouver nez à nez avec un ours brun en forêt ou entendre un crissement de pneus assourdissant à proximité active chez une majorité d'humains une réponse physiologique similaire, la plupart des stresseurs de notre époque découlent d'interprétations subjectives, teintées de notre bagage personnel.

Ainsi, alors que parler devant un groupe peut représenter le facteur de stress suprême pour un individu, l'une de ses collègues pourrait y voir l'occasion de rayonner au sein de ses pairs. Une

---

6. L. Bayet, et autres (2017). «Fearful but Not Happy Expressions Boost Face Detection in Human Infants», *The Royal Society*, [En ligne]. [dx.doi.org/10.1098/rspb.2017.1054] (Consulté le 3 juin 2020).

fête de famille constitue une grande source de joie pour l'une, alors que, pour l'autre, il s'agit du moment parfait pour être jugé. Il anticipera l'événement avec un énorme malaise. Et si sauter en parachute en excite plusieurs, certains (dont moi) préfèrent ne pas regarder la mort dans les yeux le temps d'une descente…

Peu importe la source du stress ressenti, le cerveau active sa réponse physiologique visant la survie. Cela passe en grande partie par la production d'hormones, l'adrénaline et le cortisol, qui ont des fonctions bien précises.

- L'**adrénaline** est principalement sécrétée par les glandes surrénales, situées au-dessus des reins. Elle est libérée dans le sang essentiellement lorsqu'on vit des émotions intenses, telles que la peur, la colère ou le stress, ce qui lui vaut le petit surnom d'« hormone des sensations fortes ». Elle joue le rôle de neurotransmetteur dans le système nerveux central, en permettant le passage rapide des informations d'une cellule nerveuse à une autre. Ses effets sont nombreux et instantanés : ils préparent le corps à réagir en mobilisant toute l'énergie disponible et en aiguisant les sens.
- Le **cortisol** participe activement à la production d'énergie en transformant les réserves de graisse en sucre et en dirigeant cette énergie au bon endroit, dans les grands muscles notamment (tels que ceux des jambes, très utiles pour fuir en courant, ou ceux des bras, essentiels pour boxer comme Rocky). Il favorise également la vigilance, l'attention et la concentration, ce qui occasionne une ultrafocalisation sur la source de stress.

+ Stress, mémoire et attention

Les hormones produites par le corps en réaction au stress touchent certaines régions du cerveau, notamment celles de la gestion des émotions, de la mémoire et de l'attention.

Notre réponse au danger fait en sorte que nous aurons assez d'énergie pour survivre, mais aussi que nous retiendrons des détails pertinents, de façon à ne pas affronter cette situation de nouveau. Si nous avons par exemple réussi à fuir un ours émergeant de sa grotte, il est utile d'avoir un souvenir précis de l'endroit où se trouve celle-ci… La mémoire est donc affectée par les hormones de stress.

Ces dernières vont de plus moduler temporairement les ressources attentionnelles : toute l'attention sera dirigée vers la menace. C'est d'ailleurs ce qui peut créer l'impression de tunnel rapportée par les gens ayant subi un choc intense. Ils ont une perception accrue de l'élément menaçant, alors que tout autour s'assombrit. Cela diminue également la capacité de l'individu à se concentrer sur autre chose que sur ce qui crée pour lui un stress ; la menace devient par conséquent une pensée envahissante dont il est difficile de se détourner.

L'énergie du corps, décuplée par la production de ces hormones, est donc redistribuée pour que nous puissions fuir ou combattre le danger, entraînant de ce fait des sensations plus ou moins agréables :

- Le cœur pompe le sang plus vite – sensation de vertige, tremblements.
- La respiration, plus superficielle, s'accélère et se limite au haut des poumons – sensation d'hyperventilation.
- La pression artérielle augmente et le sang est dirigé vers les organes vitaux, au détriment des extrémités – jambes molles, mains froides et moites, picotements au niveau du visage, tremblements.
- La digestion s'arrête, pour permettre au corps de garder son énergie – maux de ventre, nausées.

Symptômes de stress et d'anxiété

CORPORELS

- Tension physique (principalement musculaire)
- Tremblements
- Transpiration
- Palpitations
- Sensations de vertige ou d'évanouissement
- Nausées
- Sensations d'étouffement
- Paresthésies
- Douleurs ou gêne thoracique
- Difficultés à avaler
- Bouche sèche
- Maux d'estomac
- Ballonnements
- Douleurs articulaires
- Maux de dos
- Troubles de l'endormissement
- Troubles de sommeil

Bien que les symptômes physiques du stress soient essentiellement désagréables, le corps ne devrait pas être considéré comme un ennemi; toutes ces réactions ont comme objectif d'assurer la survie!

Lorsque la menace disparaît, la production de ces hormones cesse et l'organisme retrouve son homéostasie (son état normal) dans un délai d'une à vingt-quatre heures. Or, pendant ce temps, elles continuent à altérer le comportement, le jugement et le bien-être. Au plan psychologique, cette décharge d'hormones entraîne différentes conséquences:

Symptômes de stress et d'anxiété

COGNITIFS

- Pensées catastrophe
- Rigidités
- Biais cognitifs

ÉMOTIFS

- Labilité émotionnelle
- Irritabilité
- Impulsivité
- Impuissance
- Pertes de contrôle

Symptômes de stress et d'anxiété

COMPORTEMENTAUX

- Difficultés à se concentrer
- Difficultés à prendre des décisions
- Agressivité
- Anticipation
- Évitement
- Opposition
- Isolement
- Repli sur soi
- Besoin de contrôle

Le stress devient toutefois chronique lorsque la réponse de l'organisme, soumis à l'exposition répétée et prolongée à la menace, est maintenue sur une longue période. La présence régulière des hormones de stress (adrénaline et cortisol) dans le corps provoque toute une série d'autres problèmes :

Difficultés associées au stress chronique

PHYSIQUES

- Affaiblissement du système immunitaire (maladies fréquentes)
- Allergies
- Eczéma
- Psoriasis
- Troubles de sommeil
- Tics
- Constipation (encoprésie)
- Etc.

Difficultés associées au stress chronique

PSYCHOLOGIQUES

- Rituels (tocs)
- Dépression
- Impulsivité
- Incertitude
- Difficultés à prendre des décisions
- Troubles alimentaires
- Problèmes de libido
- Consommation excessive de substances psychoactives (alcool, stupéfiants, médicaments)

Le stress fait engraisser!

Durant un épisode de stress, toutes les ressources du corps sont mises à contribution pour fournir l'énergie nécessaire à la survie de l'individu. La digestion est notamment ralentie au maximum et la sensation de faim, coupée. Lorsque le stress tombe, le corps et le cerveau déclenchent une série de réactions pour refaire le plein de carburant, question de se préparer pour la prochaine attaque. Ils ne distinguent pas les dépenses énergétiques réelles (celles de quelqu'un qui se serait réellement sauvé ou aurait vraiment combattu) des fictives (celles d'un individu qui aurait été pris dans un bouchon de circulation ou se serait emporté en jouant à un jeu vidéo trépidant). Non seulement la faim revient en force par la suite, mais les aliments qui se digèrent rapidement sont alors priorisés, ce qui procure des envies irrépressibles de sucre et de gras. Qui plus est, le corps a la brillante stratégie d'emmagasiner ses réserves dans les endroits les plus faciles d'accès, en cas de nécessité, soit au niveau du tronc. Et c'est ainsi que le tour de taille épaissit...

Certains individus semblent cependant plus aptes à gérer le stress et l'anxiété, alors que d'autres paraissent crouler sous la pression occasionnée par le moindre écart à leur routine. Quels sont les facteurs responsables de cette divergence?

Toi, plus ou moins que moi ?

LA VULNÉRABILITÉ AU STRESS ET À L'ANXIÉTÉ

Le stress et l'anxiété paraissent coller à certains individus beaucoup plus facilement qu'à d'autres. N'avons-nous pas tous et toutes dans notre entourage une personne qui fait preuve d'un calme désarmant en toutes circonstances ? Au Québec, le qualificatif de « Roger Bontemps » est parfois utilisé pour désigner celles qui réagissent peu aux tracas du quotidien, ne cherchant qu'à avoir du plaisir sans complication. À l'inverse, d'autres gens semblent constamment crispés, tendus, dans un état d'hypervigilance permanent, incapables d'apprécier simplement la vie qui défile sans envisager le pire des scénarios. Ces différences proviennent souvent de plusieurs sources, dont l'interaction rend les effets encore plus complexes.

J'SUIS NÉE COMME ÇA ! L'ASPECT GÉNÉTIQUE

Pour l'anxiété comme pour la majorité des troubles de santé mentale, il n'existe pas de gène unique clairement désigné comme le « coupable » ou le responsable. En revanche, plusieurs gènes contribuent apparemment à y prédisposer certaines personnes. Encore faut-il qu'ils interagissent avec certains facteurs psychologiques et éléments précis de l'environnement pour qu'un individu, même sensible, ressente effectivement du stress et de l'anxiété.

La seule forme d'anxiété pour laquelle l'hérédité semblerait de plus en plus solidement mise en cause est l'attaque de panique. Certaines données attestent en effet que les contributions biologiques à la panique et à l'anxiété sont différentes, comme si ces deux troubles relevaient de gènes distincts. La vulnérabilité biologique ne pourrait toutefois pas être considérée comme une cause unique et directe de ce type particulier de manifestation anxieuse, et l'interaction entre les composantes environnementales et psychologiques y entrerait tout autant en jeu que dans les autres troubles anxieux.

La recherche n'établit donc pas hors de tout doute un lien direct entre les troubles anxieux et l'hérédité. On sait cependant que les jumeaux identiques (monozygotes) ont des symptômes anxieux similaires dans environ 85 % des cas, alors que la fratrie « ordinaire » (dizygote) affiche un maigre taux de concordance de 15 %. Également, les enfants élevés dans une famille où l'un des parents (ou les deux) est anxieux courent cinq fois plus de risques de présenter des symptômes du même type que les enfants provenant de familles zen.

Par contre, le sexe de l'individu semble à première vue déterminant sur le plan de l'anxiété. Les femmes sont en effet beaucoup plus sujettes aux troubles anxieux, dans une proportion allant de 1,5 à deux femmes pour un homme, selon les sources consultées.

Cela étant, ce phénomène pourrait s'expliquer culturellement : les femmes sont en effet plus enclines à verbaliser leurs émotions, incluant celles reliées au stress et à l'anxiété, et aussi à rechercher de l'aide. En contrepartie, les hommes sont surreprésentés dans d'autres problématiques, telles que la consommation excessive (d'alcool, de drogues et d'autres substances). Cela pourrait dénoter des difficultés d'ajustement causant stress et anxiété.

MOI, C'EST MOI ! LES ASPECTS PERSONNELS

L'histoire de vie

Le parcours d'un individu peut bien entendu le fragiliser. Des données probantes montrent, par exemple, que les traumatismes vécus durant l'enfance constituent d'importants facteurs prédisposant aux troubles de l'humeur et à l'anxiété, ainsi qu'à certaines maladies, comme les cardiopathies et les syndromes de fatigue ou de douleur chroniques[7].

Naître dans un pays en guerre, soumis à la famine ou dont le régime politique est oppressif peut aussi favoriser l'apparition de symptômes de stress ou d'anxiété, comme le fait d'avoir subi une agression ou un accident grave ou d'avoir souffert d'une maladie sérieuse.

RÉCIT DE PSY

Un traumatisme qui laisse des traces

Une jeune cliente, venue me consulter une première fois pour traiter un trouble de stress post-traumatique (TSPT) lié à une attaque survenue alors qu'elle était âgée de douze ans, est revenue quelques années plus tard pour reprendre la thérapie.

---

7. R. F. Anda, et autres (2006). « The Enduring Effects of Abuse and Related Adverse Experiences in Childhood : A Convergence of Evidence from Neurobiology and Epidemiology », *European Archives of Psychiatry and Clinical Neuroscience*, vol. 256, n° 3, p. 174-186.

Coralie ne présentait plus le profil classique du TSPT, mais avait néanmoins développé au fil du temps une multitude de symptômes anxieux qui tendaient maintenant à se cristalliser. L'hypervigilance et la grande rigidité dont elle faisait preuve compliquaient d'ailleurs son quotidien et entraînaient pour elle une souffrance importante.

Difficile d'affirmer avec certitude que ces traits auraient été absents du portrait si Coralie n'avait pas survécu à une agression violente qui a nécessairement laissé des traces, tant sur sa personnalité en pleine formation que sur son physique. Notons que les changements physiques ne sont pas toujours visibles, mais bien réels ; la recherche démontre en effet que les structures du cerveau se modifient lorsqu'un individu subit un traumatisme. Cela étant, cette jeune sentait que sa résistance au stress et à l'anxiété était fragilisée et considérait que cette vulnérabilité découlait directement de l'événement en question.

À la fois très sensée et mature au plan affectif, Coralie savait par expérience que les symptômes qu'elle ressentait ne s'amoindriraient pas d'eux-mêmes, par magie. Je me sentais très privilégiée de pouvoir l'outiller pour qu'elle compose avec les aléas de la vie avec davantage de souplesse et de quiétude. Non seulement Coralie est plus solide maintenant, mais son vécu a fait d'elle une personne sensible, résiliente et d'une grande empathie.

Le contexte familial

Qu'on pense à la famille d'origine ou à la famille que nous formons actuellement, la cellule familiale joue un rôle important dans la façon dont nous gérons le stress et l'anxiété.

Avoir vécu avec des parents atteints d'affections mentales, possédant de pauvres compétences parentales ou étant eux-mêmes anxieux met certainement la table pour une vulnérabilité accrue à l'anxiété.

L'attachement anxieux ou évitant

La théorie de l'attachement[8] a pour fondement qu'une ou un jeune enfant a besoin, pour connaître un développement social et émotionnel normal, d'établir une relation d'attachement avec au moins une personne qui prend soin de lui de façon cohérente et continue. Dans le cas d'un attachement sécurisant, le parent répond adéquatement aux besoins de l'enfant et réagit de façon constante aux signaux qu'il envoie. Lorsque la réponse du parent est inadaptée ou incohérente, des stratégies d'adaptation particulières sont mises en place, créant de fait un attachement de type évitant ou de type anxieux.

L'attachement anxieux (aussi connu sous le nom d'attachement ambivalent) est l'aboutissement d'un schéma relationnel marqué par l'inconstance. La figure d'attachement peut se montrer attentive aux besoins de son enfant, par moments. Elle peut cependant aussi, de façon imprévisible, adopter des comportements intrusifs, notamment une surprotection indue ou envahissante, et faire preuve d'indisponibilité ou d'insensibilité émotionnelle. Cela génère angoisse et confusion; l'enfant ne sait jamais quel traitement lui sera réservé!

Parvenu à l'âge adulte, l'individu qui présente un style d'attachement anxieux ou ambivalent est plus sujet à vivre des stress relationnels. Souvent, il sera excessivement préoccupé par ses relations, aura un besoin d'approbation exagéré, réagira intensément à la critique et craindra démesurément d'être abandonné ou rejeté.

Les premières interactions, survenues au début de la vie, peuvent donc avoir une influence considérable sur la capacité d'un individu à gérer le stress et l'anxiété.

---

8. J. Bowlby (1979). « The Bowlby-Ainsworth Attachment Theory », *Behavioral and Brain Sciences*, vol. 2, n° 4, p. 637-638.

Ainsi, bien qu'il soit impossible de faire porter aux gènes la totalité du blâme, la famille peut rendre une personne plus stressée ou anxieuse, par son exemple. Plus on expose ses enfants à des réactions anxieuses, plus le risque qu'ils imitent ces dernières augmente.

RÉCIT DE PSY

Difficile à camoufler!

Les parents qui me consultent pour traiter l'anxiété de leur enfant sont, généralement, eux-mêmes anxieux. Certains pères et mères font des efforts incommensurables pour camoufler leur état à leur progéniture, afin justement de ne pas la contaminer par leurs propres craintes. Sans leur dire que c'est peine perdue, je déconstruis souvent leur impression d'être de bons acteurs ou actrices, en mettant en lumière toutes les subtilités des symptômes anxieux qui sont, bien inconsciemment d'ailleurs, autant manifestés que perçus.

Une mère venue obtenir l'évaluation d'un trouble de l'attention chez sa fille m'avait, lors d'une première entrevue, mise en garde contre les traits anxieux de sa jeune. *Tu verras, elle risque de résister à te suivre dans ton bureau pour les examens, mais normalement elle s'apaise en quelques minutes.* Le jour de la rencontre, lorsque je me suis présentée dans la salle d'attente, j'ai tout de suite remarqué le changement de posture de cette dame. Alors qu'elle était presque affalée dans la chaise quelques secondes auparavant, son dos s'est raidi et elle s'est aussitôt avancée sur le bout de son siège, aux aguets. Elle s'est aussi empressée de répondre aux questions que j'ai adressées à la petite, dès que cette dernière a hésité un tant soit peu. Sa main s'est rapidement débarrassée de son livre pour se poser sur la cuisse de sa fille et sa tête a penché dans sa direction, ce qui pouvait être interprété comme des gestes tendres… ou de protection. Bien entendu, rien de cela n'était prémédité ni même intentionnel, mais le non-verbal de cette femme criait à sa fille que la situation était insécurisante. L'enfant a effectivement résisté, sa réaction étant d'ailleurs alimentée par les *n'aie pas peur, ça va bien aller* de sa mère bienveillante. Elle a tout à fait changé d'attitude après quelques minutes, laissant présager (par chance!) que son anxiété pouvait rapidement se résorber.

De plus, la composition de la famille a en soi une influence directe sur l'anxiété. Faire équipe avec une ou un conjoint diminue le stress, en comparaison de la monoparentalité ou du fait de vivre un conflit ouvert avec l'autre parent. Élever des enfants qui ne sont pas les siens, gérer des horaires de garde, composer avec une fratrie très nombreuse ou des écarts d'âge importants, vivre avec un ou une jeune à besoins particuliers ou autres sont tous des éléments qui peuvent s'ajouter, goutte par goutte, dans le vase de l'anxiété… au risque de le faire déborder!

Les relations interpersonnelles

Sentir de l'isolement, manquer d'habiletés sociales ou ressentir de l'insatisfaction dans ses contacts humains hausse inévitablement le niveau d'anxiété. À l'inverse, avoir la capacité de solliciter de l'aide et de trouver du soutien ou un appui est suffisant pour diminuer les symptômes anxieux. De nombreuses recherches en psychologie se sont d'ailleurs intéressées aux effets bénéfiques du soutien social (c'est-à-dire au réseau de contacts sur lequel un individu peut s'appuyer en cas de besoin), tant sur la santé physique que sur le bien-être psychologique. Il apparaît que le soutien social influe de façon considérable sur le mieux-être des individus et protège contre les répercussions négatives du stress. Le maintien d'une relation de confiance entre deux personnes aurait aussi des conséquences psychologiques positives à la suite d'une perte ou d'une déception majeure. En contrepartie, les études portant sur le manque de soutien social ont exposé le fait que l'isolement contribue à la maladie mentale tout aussi bien qu'à la maladie physique. D'ailleurs, les célibataires vivraient moins longtemps que les gens mariés, même lorsque le mariage n'est pas des plus heureux !

Avoir des relations significatives, appartenir à un groupe ou sentir qu'on est partie prenante d'une entité telle qu'une famille, une équipe ou une organisation aurait donc des effets positifs sur plusieurs facettes de la vie d'un individu. Un entourage présent n'est cependant pas toujours gage de mieux-être : pensons notamment aux milieux où règnent l'intimidation, la violence verbale, le dénigrement, etc. ; aux proches à la personnalité écrasante (égoïste, narcissique, passive-agressive...) ; aux cultures d'entreprise qui favorisent une compétition malsaine, et encore ! Autant les autres peuvent donc nous prémunir contre le stress ou en alléger les contrecoups, autant ils et elles peuvent en être les catalyseurs, dans certaines circonstances ou occasions.

+ Réseaux sociaux : de vraies amitiés ?

De plus en plus d'études démontrent un lien important entre le temps passé devant les réseaux sociaux et les symptômes anxieux et dépressifs, particulièrement chez les ados. Ces médias leur présentent leurs pairs comme des icônes de beauté à la vie trépidante, prenant part à des activités excitantes. À la fois sélective et exagérée, cette mise en scène entraîne, pour celui ou celle qui l'observe, un sentiment d'impuissance devant un idéal inatteignable et, pour l'individu exposé, la lourde pression d'être approuvé.

Plusieurs jeunes, qui ont par surcroît du mal à nouer des amitiés « dans la vraie vie », y accumuleraient également un capital social. Sur ce plan, les chercheuses et chercheurs sont divisés : certains soutiennent que ces illusions d'amitié maintiennent les stratégies inefficaces des ados, les empêchant de développer leurs compétences sociales, mais d'autres estiment que les amitiés virtuelles auraient néanmoins plus de bénéfices que l'isolement.

La personnalité

Les personnalités introverties, reconnues pour être réfléchies, discrètes, se satisfaisant facilement de la solitude et pouvant se fatiguer rapidement de la présence des autres, sont normalement réputées plus anxieuses que les personnes extraverties qui, elles, sociabilisent avec aisance et expriment tout haut leurs états d'âme (parfois même de façon excessive, avouons-le!). Or, c'est la réserve des individus introvertis qui est régulièrement confondue avec de la timidité ou de l'anxiété sociale. Les gens extravertis extériorisent plus souvent leur malaise par des passages à l'acte (*acting out*) tels que la provocation, l'opposition (en particulier les enfants) ou les comportements à risque (consommation excessive, conduite dangereuse, promiscuité sexuelle, danses debout sur les tables en plein party de bureau 😉, etc.), dont le lien avec le stress ou l'anxiété est moins évident.

Par ailleurs, les personnalités entêtées, rigides ou perfectionnistes réagissent assurément plus à tous les changements, imprévus ou irrégularités qui ponctuent leur quotidien, en comparaison des individus plus souples ou négligents.

+ Perfectionniste, anxieux ou entêté?

Le perfectionnisme a sans contredit une forte composante familiale. Outre le fait que de nombreuses recherches ont démontré que ce trait était héréditaire, beaucoup de gens perfectionnistes proviennent de famille où les exigences sont très élevées et les attentes, disproportionnées. Coussins bien droits sur le canapé, voiture astiquée dans l'entrée, bulletins scolaires affichant des A+ en série et gazon taillé au millimètre près, voilà à quoi vous attendre lorsque vous croisez ce type de personnalité. Les enfants grandissent alors souvent avec des modèles rigides, mais également dans la crainte de ne pouvoir respecter les standards véhiculés et, par conséquent, de faire face à moins d'amour ou à du rejet. Cette recherche d'idéal absolue rend les personnes perfectionnistes à la fois inflexibles, intransigeantes et en apparence entêtées.

Contrairement aux individus consciencieux qui éprouvent du plaisir et de la satisfaction en atteignant leurs objectifs personnels, les perfectionnistes ressentent trop souvent du stress, de l'anxiété, de la honte et de la culpabilité, ce qui les empêche d'avancer. Pour modifier cette caractéristique, les mêmes stratégies que celles permettant de gérer le stress et l'anxiété, notamment la modification des croyances et des pensées, peuvent être déployées.

Les aptitudes et les capacités

Au-delà de ses traits de personnalité plus ou moins stables, les capacités d'un individu vont évidemment avoir une influence directe sur le stress et l'anxiété qu'il ressent dans une grande variété de contextes. En fait, comme nous en avons discuté au chapitre précédent, les personnes n'ayant absolument pas les ressources requises pour faire face à une situation ressentiront moins d'anxiété que celles possédant des ressources limitées. Elles chercheront parallèlement à éviter ce type d'événement. Sachant que je suis incapable de pousser une note juste, par exemple, je n'ai pas tendance à me placer dans un contexte où je dois chanter en public, ce qui conséquemment m'enlève la possibilité d'être stressée.

Lorsqu'il n'est pas possible ou encore souhaitable d'éviter les événements pour lesquels nos aptitudes sont faibles, l'anxiété peut se déployer sans gêne. Prendre la parole devant un groupe de travail lorsque la timidité nous ronge, devoir argumenter avec son ado alors que son sens de la répartie n'est pas développé, être contraint à faire des réparations sans avoir aucun talent manuel, se retrouver dans une nouvelle ville quand on n'a pas le sens de l'orientation ou même gérer la routine quotidienne des enfants avec de très grandes difficultés de gestion du temps peut être source d'angoisse profonde, pour plusieurs.

Les perceptions

Assurément, chacun des éléments cités dans ce chapitre influencera plus ou moins les perceptions, de façon directe ou indirecte. Mais c'est la façon qu'a quelqu'un de percevoir les stimuli, d'interpréter ce qui est en train de se passer et d'appréhender une situation qui constitue le facteur le plus important dans le fait de vivre ou non du stress et de l'anxiété. Certaines personnes, plus pessimistes, peu confiantes ou alarmistes de nature, seront donc plus fragiles.

De fait, **tout est une question de perception**.

+ C'est beau, la vie !

La vita è bella, comédie dramatique italienne, raconte l'histoire d'un père amené avec son jeune fils dans un camp de concentration nazi pendant la Deuxième Guerre mondiale. Déterminé à tout faire pour lui éviter l'horreur, il fait croire à son enfant que les activités du camp constituent en réalité un jeu permettant de gagner un vrai char d'assaut. Le public s'émeut de constater que le jeune traverse cette dure épreuve avec une allégresse qui frôle l'enchantement, bien loin de se douter que leur vie est menacée. Sans perception du danger, aucune place pour l'anxiété...

Pour que naissent le stress ou l'anxiété, une menace doit préalablement être décelée. Or, ce qui est une menace pour quelqu'un peut être perçu par un ou une autre comme inoffensif. Steve Irwin, mieux connu sous le nom du « chasseur de crocodiles », n'avait certainement pas la même réaction devant ces reptiles que la majorité d'entre nous. En contrepartie, Scarlett Johansson, actrice américaine célèbre, est terrifiée par les becs, les ailes et le bruit du vol des oiseaux, stimuli plutôt inoffensifs pour le commun des mortels. Enfin, comme le disait Shakespeare: *Il n'y a rien de bon ou de mauvais, sinon l'idée que l'on s'en fait.*

TOUT AUTOUR DE MOI: LES ASPECTS ENVIRONNEMENTAUX ET SITUATIONNELS

Les stimuli sensoriels

Le bruit des voitures, les cris des enfants, la sonnerie du téléphone qui ne cesse de retentir, le tic-tac de l'horloge, les conversations sur un ton élevé, les néons éblouissants, les espaces restreints, la proximité physique, la température trop basse ou trop élevée, les surfaces rugueuses, l'absence de zénitude...

Les journées sont remplies de stimuli incessants qui peuvent, de façon insidieuse, placer l'individu dans un état de « surcharge ». Le processus complexe qui permet d'organiser et de contrôler la réponse aux différentes sollicitations sensorielles de l'environnement est alors hautement mis à l'épreuve. Par conséquent, une hypersensibilité émotive, une grande fatigue, de la maladresse ainsi que des manifestations de stress et d'anxiété peuvent découler d'un environnement trop stimulant.

Les petites agressions

Les émotions générées par les petites agressions quotidiennes, en apparence anodines ou presque, contribuent également à faire monter la tension interne d'un cran et à fragiliser la personne qui les subit. Le coup de coude dans le métro, le collègue qui vous coupe encore une fois la parole, l'ado qui laisse traîner ses trucs exactement là où le ménage vient d'être fait, le conjoint qui a oublié la tâche dont il devait se charger, la mère qui critique une fois de plus votre dernière décision ou le chien qui revient de la cour couvert d'un je-ne-sais-quoi de très puant sont des exemples de faibles menaces à teneur émotive qui, lorsque accumulées, peuvent donner lieu à de grands malaises. S'ajoutent évidemment à ces dernières les moyennes ou grandes tragédies, comme les ruptures amoureuses, les congédiements, les deuils, ou même la perte de cette mignonne petite blouse envoyée par inadvertance à la sécheuse (!!!).

Les exigences élevées

Tous les milieux n'ont pas les mêmes attentes concernant la performance et le rendement, de même que tous ne comportent pas des tâches aussi complexes ni n'exigent la même vigilance ou le respect de délais aussi serrés. Certains emplois ou professions placent d'ailleurs les individus dans des situations à très haut risque de stress, alors que d'autres sont beaucoup plus relax. Pensons par exemple aux policiers, pompières ou urgentologues de ce monde ; facile de tirer comme conclusion que leur quotidien est nettement plus anxiogène que celui des thérapeutes, architectes paysagistes ou guides touristiques. Cela étant, même si on occupe un emploi qu'on pourrait qualifier de décontracté, se voir présenter des demandes sans arrêt, imposer des temps de réalisation beaucoup trop brefs, adresser des récriminations incessantes, etc., peut engendrer stress et anxiété.

RÉCIT DE PSY

Un job stressant

Le site américain CareerCast.com a publié, en 2016, un classement des dix métiers les plus stressants, en mesurant l'importance de certains facteurs de stress dont la nécessité de voyager dans l'exercice de ses fonctions, le fait de travailler dans le public, celui d'avoir la vie d'autres personnes sous sa responsabilité, le type d'échéances à respecter, l'effort physique exigé, les dangers courus et les conditions environnementales.

Le palmarès qui suit traduit donc les emplois les plus stressants[9]:

1. Militaire
2. Pompier/pompière
3. Pilote de ligne
4. Agent/agente de police
5. Organisateur/organisatrice d'événements
6. Responsable de la communication
7. Chef d'entreprise
8. Animateur/animatrice de radio
9. Journaliste de presse écrite
10. Chauffeur/chauffeuse de taxi

Ces données sont évidemment à prendre avec un grain de sel et ne devraient surtout pas influencer votre choix de carrière...

De la même façon, les enfants se soumettent souvent à une multitude de règles, auxquelles il est interdit de déroger, changeant d'un milieu à l'autre: le domicile familial, l'école,

9. F. Mazoir (2016, 22 janvier; mis à jour le 30 mai 2017). «Quels sont les 10 métiers les plus stressants?», *HelloWorkplace*, [En ligne]. [www.hellowork-place.fr/10-metiers-les-plus-stressants/] (Consulté le 16 juin 2020).

la cafétéria, le service de garde, le camp de jour, les équipes sportives, les groupes pratiquant des activités parascolaires… Les capacités d'adaptation sont alors non seulement sollicitées, mais, dans certains cas, carrément consumées !

La société

Impossible de passer sous silence, parmi les facteurs environnementaux et situationnels favorisant le stress et l'anxiété, la société actuelle.

Le commerce international nous donne la possibilité d'acquérir à peu près n'importe quoi de créé (ou de vendu) par l'humain. Les choix sont innombrables et sans cesse renouvelés, aussi bien en matière de produits matériels que d'expériences et d'activités à réaliser. Internet et les réseaux sociaux permettent l'accès à des informations inédites et l'établissement de multiples contacts, qui viennent assurément avec une pression sociale extrêmement élevée. Les écrans nous bombardent de stimuli et notre rythme de vie est effréné. Les jeunes d'aujourd'hui vivent plus d'expériences différentes en l'espace de quelques années d'existence que plusieurs personnes âgées n'en ont, par le passé, rencontré dans le courant de toute leur vie.

RÉCIT DE PSY

En paix au chalet

Quand j'étais petite, ma famille et moi quittions la ville tous les vendredis soir d'hiver pour passer le week-end au chalet, au pied d'une montagne de ski. À un demi-kilomètre se trouvait une cabine téléphonique, qu'on pouvait facilement rejoindre à pied en cas de nécessité, si bien que mon père refusait catégoriquement de faire installer une ligne téléphonique là-bas. *Je passe mes semaines à entendre le téléphone sonner, je peux bien me reposer pendant deux jours*, argumentait-il.

Quand je repense à cette époque, je réalise à quel point les temps ont changé. En mettant la clé dans la serrure de son cabinet de notaires le vendredi soir, mon père «désertait» son travail jusqu'au lundi matin. Pas de sollicitations tardives d'un collègue ni de courriel reçu en milieu de journée le samedi, pas plus que d'appels sur la route ou de textos *qui ne prennent que deux minutes*. Rares maintenant sont les travailleurs et travailleuses qui peuvent se vanter d'avoir une telle paix d'esprit toutes les fins de semaine!

Ultrastimulante, notre société est articulée d'une façon qui laisse bien peu de place au calme et au repos. La charge mentale, souvent décriée dernièrement sur la place publique, est on ne peut plus réelle pour une grande proportion d'adultes, qui ne savent faire autrement que de la supporter à bout de bras. Tous ces facteurs constituent donc un terreau très fertile pour le stress et l'anxiété.

EN RÉSUMÉ

Voyons, le temps d'un exemple, comment un individu soumis à un stress peut réagir de différentes façons, en tenant compte d'aspects génétiques, personnels, environnementaux ou situationnels.

En pleine crise sanitaire liée à la COVID-19, vous attendez en file pour payer à l'épicerie, mais une personne vous dépasse, sans respecter les mesures de distanciation sociale d'ailleurs. Vous pourriez réagir:

- En fonction de votre **sexe**. Si vous êtes un homme, il est socialement plus admissible pour vous d'exprimer votre contrariété par une démonstration physique. Vous êtes donc plus susceptible d'interpeller le ou la coupable d'un index pesant sur l'épaule ou d'une pression de votre main dans son dos que si vous êtes une femme.

- En fonction de votre **personnalité**. Si vous êtes une personne au tempérament pacifique, vous êtes plus susceptible de ne rien dire et d'intérioriser votre stress que si vous êtes une personne au tempérament bouillant.
- En fonction de vos **capacités**. Si vous êtes habile dans la communication, vous êtes plus susceptible de tenir un discours respectueux et de faire des demandes claires à cette personne que si vous êtes quelqu'un de peu de mots.
- En fonction de la **situation**. Si vous êtes dans un marché extérieur, l'agression sera peut-être perçue comme moins vive que si vous êtes dans une petite épicerie.
- En fonction de vos **émotions**. Si vous éprouvez déjà de l'irritation, parce que vos enfants confinés ne cessent de se chamailler et que votre douce moitié est totalement paniquée à l'idée que vous soyez en train de faire des courses, vous risquez de réagir plus abruptement que si vous vivez en parfaite harmonie avec votre famille depuis le début de la crise.
- En fonction de vos **ressources**. Si vous portez un masque et des gants, votre réaction pourra être différente de celle que vous aurez si vous êtes « à nu ».
- En fonction de vos **perceptions**. Si vous avez l'impression que l'autre personne se balance du civisme et des consignes, votre réaction sera différente de celle que vous aurez si vous avez l'impression qu'elle est terriblement distraite et ne s'est simplement pas aperçue de votre présence.

Voilà donc comment une même situation peut occasionner une multitude de réactions. Ainsi, bien que la vulnérabilité au stress et à l'anxiété dépende d'une panoplie de facteurs, les réponses des individus à une menace se divisent en trois catégories globales.

La voilà !

QUAND LA MENACE POINTE LE NEZ

La perception d'une menace, qu'elle soit réelle ou non, entraîne une forte décharge d'hormones dans l'organisme, responsables de préparer le corps à réagir avec vigueur. Trois types de réactions sont d'ailleurs possibles face au danger :

- La fuite.
- L'attaque.
- Le gel. Cette réaction d'immobilité découle d'un comportement de camouflage animal primitif.

Le cortisol et l'adrénaline circulant dans le sang occasionnent, pour l'individu affrontant une menace, des sensations physiques désagréables, en plus d'une tension interne élevée. Combinée à cela, la succession d'émotions suscitées par les situations de stress finit par construire un « escalier émotionnel », les ressentis se superposant et faisant croître la pression, de plus en plus difficile à canaliser ou à contrôler.

Pour parvenir à se sortir de cet état, l'individu sera donc à la recherche d'une façon de se « décharger ». Alors que prendre ses jambes à son cou pour échapper à un danger ou se lancer corps et âme dans une lutte violente contre un adversaire procure bel et bien une fatigue ou un apaisement, de telles réactions sont rarement permises par les situations de la vie courante.

Les personnes contrôlant efficacement leurs émotions utiliseront des mécanismes de sublimation, dirigeant cette énergie vers d'autres domaines – par exemple en discutant avec un ou une professionnelle ou des proches, en faisant du sport ou des exercices de relaxation, en adoptant des stratégies de résolution de problème ; bref, en trouvant des façons adaptées de liquider cette tension. Celles pour qui cette gestion émotionnelle est hors de portée peuvent cependant opter pour des comportements dont les conséquences seront tout autres...

LA DÉCHARGE PAR LA FUITE

À défaut de se sauver physiquement, les gens susceptibles d'avoir ce type de réactions devant un danger pourront adopter des comportements de fuite psychologique pour se libérer des tensions. L'isolement social volontaire, la consommation excessive d'alcool ou de drogues, la promiscuité sexuelle et les achats compulsifs en sont de bons exemples, tout comme le fait de rire dans une situation inappropriée ou de faire exagérément le bouffon, de s'étourdir dans le travail ou de s'engager dans toute forme d'activité qui détourne leur attention de leur monde intérieur.

Malheureusement, le fait de fuir les situations anxiogènes constitue le moyen par excellence de maintenir l'anxiété. En effet, pour que la réaction de peur diminue, on n'a d'autre choix que de s'exposer à la menace perçue, afin de pouvoir à la longue enregistrer l'idée que celle-ci, en fait, ne représente pas un danger ou qu'on a, à tout le moins, les ressources nécessaires pour y faire face.

L'évitement, ce piège à éviter

L'évitement est un comportement très fréquent chez les gens anxieux. En se retirant de la situation qui lui cause du tourment, l'individu obtient un soulagement rapide, mais maintient toutefois son anxiété, voire l'aggrave. Son cerveau comprend en fait qu'il a eu raison de fuir et s'organisera pour répéter la même procédure d'apaisement la prochaine fois.

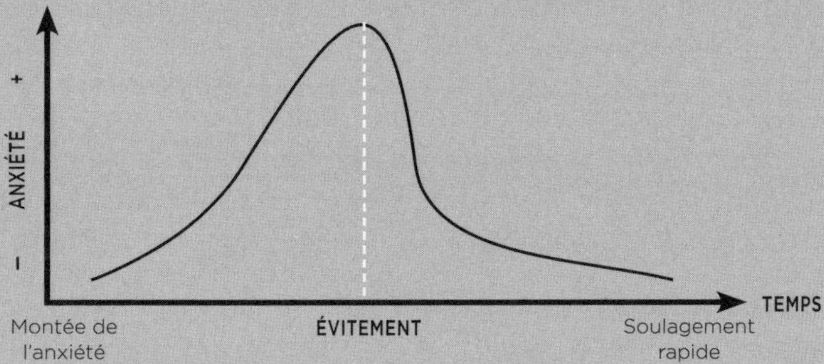

Malheureusement, pour parvenir à réaliser que la situation anxiogène n'est pas dangereuse ni alarmante, la seule avenue à prendre est de tolérer l'inconfort lié à l'anxiété pendant suffisamment de temps pour qu'elle diminue de soi. Si on répète cette expérience plusieurs fois, les montées d'émotions deviennent de moins en moins intenses et de plus courte durée, jusqu'à ce que, finalement, le processus d'habituation fasse son œuvre et que l'anxiété disparaisse.

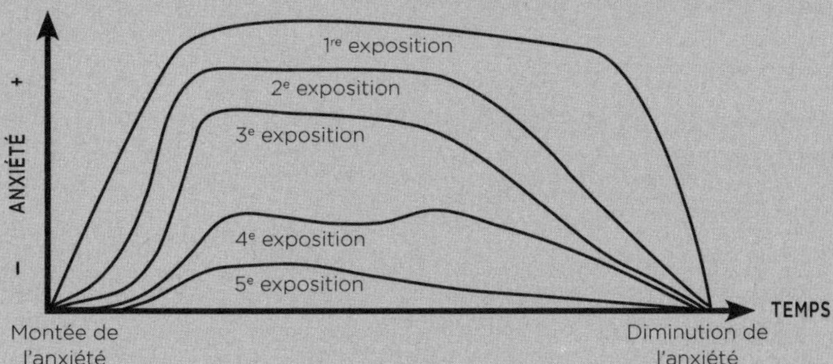

LA DÉCHARGE PAR L'ATTAQUE

Puisque, dans notre société contemporaine, le combat physique n'est pas envisageable (Dieu merci !) dans une grande majorité de situations, l'attaque pourra se traduire par des comportements agressifs de provocation, d'intimidation, d'arrogance ou d'impolitesse visant à causer une dispute ou une crise. Bien qu'il soit contre-intuitif de croire qu'une altercation vigoureuse permette un apaisement, cette décharge émotive peut dans les faits diminuer la tension accumulée, causée par des expériences stressantes et anxiogènes.

Les personnes capables de retenir leur pulsion risquent plus de se décharger en présence de gens avec qui la relation de confiance est établie. Autrement, les individus impulsifs auront tendance à éclater dans n'importe quelle situation.

RÉCIT DE PSY

Petit ange ou démon ?

Il est relativement courant, en rencontre, que les parents dépeignent un portrait de leur enfant totalement opposé à l'image que ce dernier projette en public, selon leurs dires. Des réactions colériques, des traits d'impatience ou d'impulsivité et des montées d'émotions fulgurantes semblent se produire plus fréquemment en contexte familial qu'en d'autres occasions pour bon nombre de jeunes amenés en consultation. *Ils le décrivent comme un ange à l'école*, me disent-ils, ou *Partout où elle va, on ne reçoit que de bons commentaires*. Je fais souvent une demi-blague en répondant que leur enfant garde pour eux ce petit privilège, soit celui d'assister à l'éruption de son volcan...

Après avoir passé une journée d'école à se contenir pour ne pas déplaire ou à se montrer sous son meilleur jour, en balayant sous le tapis toutes ses craintes et frustrations, l'enfant peut avoir besoin de se décharger de la tension causée par l'effet cumulatif de ces retenues. Comme il n'a pas les ressources ou les stratégies pour le faire adroitement, la famille, qui représente la cellule sécurisante au sein de laquelle il ne risque pas d'être rejeté, devient sa soupape d'échappement.

Pour éviter d'assister à la transformation de Hulk au retour des classes ou pour amoindrir les crises, il convient d'outiller l'enfant afin que, tout comme l'adulte, il ne se laisse pas submerger par des événements qui le mettraient sous tension et puisse liquider par des moyens adéquats celle qui réussirait tout de même à s'installer.

LA DÉCHARGE PAR LE GEL

Les troubles intériorisés correspondent bien à cette façon de réagir. Plutôt que de déguerpir ou d'exploser, les individus ayant une propension à gérer le stress en gelant vont « imploser », devenant ainsi sujets à des douleurs corporelles, à des troubles du sommeil et à des maladies psychosomatiques (symptômes physiques aggravés par des facteurs émotionnels ou psychiques, comme le stress). Parmi celles-ci, on compte les maladies de peau (eczéma, psoriasis, éruptions cutanées), les troubles gastro-intestinaux (troubles du transit, recto-colite hémorragique, ulcères gastriques), les inflammations chroniques, les troubles respiratoires (asthme), les troubles sexuels (troubles de l'érection, vaginisme) ou encore certains troubles cardiaques (hypertension artérielle, tachycardie). Évidemment, les désordres psychologiques (troubles anxieux, dépressifs, obsessionnels-compulsifs, etc.) font aussi partie du lot. Si ces symptômes vous sont très (voire trop...) familiers, sachez que la première étape à franchir demeure la consultation médicale, afin d'éliminer toute cause physiologique. Les stratégies détaillées dans la suite de ce guide pourraient par ailleurs vous aider à faire face aux diverses affections occasionnées par le stress et l'anxiété.

Se couper pour se réguler

Les comportements d'automutilation consistent à se blesser intentionnellement, sans tenter de mettre fin à ses jours. Parmi les jeunes Canadiennes et Canadiens âgés de 14 à 21 ans, 17 % se sont déjà automutilés[10], la coupure étant le moyen le plus fréquent. Cette réaction inadaptée découle souvent d'un stress sévère et constitue en soi une forme de décharge : en s'infligeant de la douleur, le ou la jeune provoque la production d'endorphines, hormones qui calment la douleur et créent du même coup un apaisement.

Vous connaissez maintenant mieux les origines du stress et de l'anxiété, et les différentes réactions qu'ils suscitent. Cela ne répond toutefois pas à la question cruciale : comment bien les gérer ? Vous n'y arriverez qu'au prix d'un travail difficile et nécessaire.

10. M. K. Nixon, P. Cloutier et S. Mikael Jansson (2008). « Non-Suicidal Self-Harm in Youth : A Population-Based Survey », *Canadian Medical Association Journal*, vol. 178, nº 3, p. 306-312.

Capitaine, préparez-vous !

LA MÉTAPHORE DU BATEAU

Les événements susceptibles de fragiliser un individu sont à la fois nombreux, divers et bien souvent imprévisibles. Alors, comment faire pour ne pas se laisser submerger, garder le cap et, par-dessus tout, éviter de sombrer ?

Imaginons que la vie est un bateau voguant sur l'océan ; le trajet peut être de tout repos lorsque les eaux sont calmes, cependant une plus grande vigilance est requise lorsque la nature s'éveille et qu'une petite houle fait tanguer le navire. Or, ce n'est rien à comparer à ce qu'exigent les vagues quand elles se déchaînent ; lorsque l'océan semble avaler tout ce qui se trouve sur son passage, insouciant des ravages que sa fougue peut causer, le voyage devient beaucoup moins plaisant…

Pour préserver l'équilibre de son embarcation et la maintenir à flot quand l'océan s'active, le capitaine n'a que deux options : faire en sorte que son bateau ne prenne pas l'eau ou, encore, évacuer celle qui aura réussi à s'accumuler. Autrement, c'est le naufrage assuré.

Il en va de même pour le stress et l'anxiété. Inutile de penser que des moyens peuvent être déployés pour faire en sorte que le calme plat règne de façon constante, écartant toute possibilité d'insécurité. La vie n'est pas un long fleuve tranquille et c'est très bien ainsi. Il faut plutôt s'attarder aux stratégies qui permettront d'empêcher l'eau d'entrer dans votre barque ou de vider celle qui se sera infiltrée.

C'est d'ailleurs ce sur quoi porteront les prochains chapitres. En cours de lecture, des exercices de réflexion, intitulés **Remue-méninges**, vous seront suggérés, vous donnant l'occasion de vous pencher sur vos perceptions, vos ressources ainsi que vos sources de stress et d'anxiété. Par la suite, des pistes de solution concrètes vous seront proposées, point par point.

Avant d'aller plus loin, il vous faut toutefois savoir, comprendre et assimiler parfaitement les éléments suivants.

- **Le stress et l'anxiété ne se résorbent pas seuls.** Ils peuvent parfois se transformer, se manifester de différentes façons, être temporairement moins présents, mais rares sont les individus qui, sans mettre au point des stratégies ni faire des efforts conscients, réussissent à se défaire de leur stress et de leur anxiété. Au contraire, la recherche établit que ces gens présentent souvent simultanément d'autres troubles, les plus fréquents étant les troubles de l'humeur. Il est donc primordial d'intervenir rapidement, avant que les symptômes ne prennent de l'ampleur, ne se cristallisent ou ne donnent naissance à d'autres difficultés.
- **Le stress et l'anxiété ne sont pas banals.** Oui, il est vrai de dire que tous et toutes ressentiront, un jour ou l'autre et à une intensité différente, du stress et de l'anxiété. Comme je l'ai démontré précédemment, ce n'est pas une mauvaise chose en soi ; cela peut au contraire nous motiver à nous mettre en action, à adopter des comportements vigilants et sécuritaires, à accomplir ce qui doit être fait, etc. Le stress et l'anxiété peuvent donc être stimulants et positifs. Cela étant, devrions-nous comprendre que, puisque tout le monde en vit, ils revêtent un caractère insignifiant et qu'il

faut simplement laisser les choses aller ? En fait, quand on cherche des stratégies pour faire en sorte qu'ils se résorbent, on a l'impression d'agir, de regagner un certain contrôle d'une situation qui nous échappait et de trouver les solutions qui s'appliquent le mieux à nous. Il s'agit déjà en soi d'un élément qui amorce un changement.

- **Vaincre le stress et l'anxiété demande des efforts, de l'assiduité et de la persévérance.** Les techniques, méthodes et stratégies éprouvées sont exigeantes, parce qu'elles ont d'abord besoin d'être connues et maîtrisées. On doit leur consacrer du temps et de l'énergie, pour finalement les répéter régulièrement, fréquemment, inlassablement.

Et c'est exactement ce en quoi consiste le plus grand défi.

Vous ne pourrez pas, je vous le garantis, diminuer votre stress ou votre anxiété en une ou deux séances de respiration abdominale ou en vous répétant trois ou quatre phrases clés dans des situations alarmantes. Vous devrez défaire des automatismes bien ancrés, comme l'habitude de fumer ou de ronger vos ongles, pour en créer de nouveaux, qui ne deviendront à leur tour des réflexes qu'après des centaines de répétitions.

- **Vaincre le stress et l'anxiété demande du temps.** De la même façon qu'on ne peut devenir Monsieur Muscle en soulevant des poids pendant une seule journée ni perdre dix kilos en cessant de s'alimenter pendant quelques heures, on ne sentira les résultats qu'après plusieurs séances étalées sur un bon laps de temps. Combien de temps vous faudra-t-il patienter au juste ? Trop de facteurs entrent en ligne de compte pour que je puisse le préciser, mais j'estime avec un très haut niveau de confiance que la réponse se situera entre « longtemps » et « très longtemps ».

- **L'objectif poursuivi doit être celui de progresser.** J'en ai déjà parlé, anéantir le stress ou l'anxiété est irréaliste et non souhaitable. Mais, au-delà de ce point, le but des interventions est toujours de vous faire progresser. À chacun son rythme, à chacune ses défis. Si des améliorations sur le plan de la gestion du stress et de l'anxiété sont notées, l'objectif est atteint et le travail doit être poursuivi.

Garder le cap

Écrivez sur une feuille tous les désagréments que causent votre stress et votre anxiété: vous empêchent-ils de faire des choses? Vous rendent-ils moins disponible pour les autres? Minent-ils votre existence? Occasionnent-ils des symptômes physiques désagréables dont vous pourriez bien vous passer? Vous font-ils souffrir?

Affichez ensuite cette feuille dans un endroit où vous pourrez régulièrement relire ces constats, de sorte à augmenter votre motivation lorsqu'elle faiblit à la suite de difficultés rencontrées ou d'efforts à fournir, et à garder en tête vos objectifs.

Empêcher l'eau de s'infiltrer

CERNER LES MENACES PRÉVISIBLES

Ainsi, le stress ou l'anxiété surviennent lorsqu'on est face à une menace. Pour augmenter sa résistance, il devient donc important d'en contester la pertinence, en distinguant d'abord les dangers prévisibles des imprévus.

Les **menaces prévisibles** sont les tâches ou événements connus d'avance, ou qui vont fort probablement se produire, si bien qu'on peut les voir venir.

Marc doit réparer la rampe d'escalier qui est brisée depuis deux mois, mais il n'a aucun talent pour les travaux manuels.

Evelyne veut soutenir son fils quand il fait ses devoirs, mais l'implication de l'enfant est minimale et cette période se termine souvent en dispute.

Valérie a un rapport à remettre à son patron la semaine prochaine et elle n'est pas très avancée dans sa rédaction ; néanmoins, elle procrastine.

Le collègue du mari de Zoé, que cette dernière ne connaît pas, invite le couple à souper chez lui.

Les **menaces imprévues** sont celles sur lesquelles peu de contrôle s'exerce et qui sont impossibles à repérer d'avance.

Frédéric va chercher le petit à la garderie et il y a du trafic, alors que, normalement, la circulation est fluide à cette heure-là.

Laurie reçoit ses beaux-parents pour le repas samedi soir et ils se présentent avec une heure de retard.

Daniel se fait invectiver par son patron devant ses collègues.

Du jour au lendemain, la famille de Jade s'est retrouvée confinée ensemble, sans pouvoir aller à école ni travailler.

Les menaces prévisibles pouvant, par définition, être anticipées, c'est sur elles que des interventions préventives seront le plus adroitement effectuées. Autrement dit, si la météo annonce des orages, peut-être devrions-nous retarder notre départ en mer…

Cela étant, encore faut-il comprendre comment transformer ce qui pourrait être un danger en un élément non menaçant. Or, deux facteurs entrent ici en jeu : la **perception du danger** ainsi que le **manque de ressources** pour y faire face. En modifiant l'un ou l'autre (ou les deux), on abolit le danger.

DEVOIR ET ENVIE

Il peut être intéressant, dans un premier temps, d'observer les menaces perçues par un individu selon une perspective plus globale. Le tableau ci-dessous propose de considérer les tâches et événements à venir selon l'axe du devoir et l'axe de l'envie.

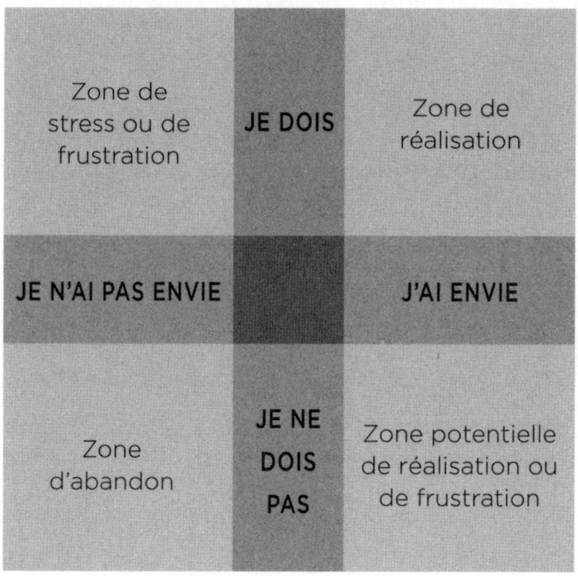

Alors que l'axe du devoir correspond à l'obligation morale perçue, facteur relativement stable, le niveau d'envie est plus instable et peut changer rapidement, en fonction des circonstances. Je peux par exemple détester cuisiner, mais, dans une occasion où toute la famille élargie réunie dans la même maison prépare un repas festif, avoir envie de participer.

Examinons donc chacun des quatre quadrants formés par ces deux axes :

Je dois + j'ai envie = Zone de réalisation

Dans cette zone optimale, on retrouve la plus haute probabilité qu'un individu non seulement se mette en branle, mais mène jusqu'au bout son projet sans ressentir de stress ou d'anxiété (bien que d'autres variables, telles que les ressources disponibles, puissent toutefois en susciter).

De longues études sont requises pour exercer la profession convoitée par Nathalie, mais toutes les conditions gagnantes sont réunies : elle aime étudier et a envie de s'enrôler dans ce programme.

On demande à Mathieu de faire une présentation devant ses collègues au bureau ; la chimie opère dans l'équipe, l'atmosphère est agréable aujourd'hui et il a envie de partager ses connaissances.

La routine du coucher est très importante pour favoriser l'endormissement des enfants de Carolane ; elle apprécie ce moment passé avec eux et se plaît à la suivre, soir après soir.

Je dois + je n'ai pas envie = Zone de stress ou de frustration

Ne pas avoir envie de terminer une tâche ou de faire face à un événement peut traduire simplement une absence d'intérêt, qui risque de causer davantage d'inconfort ou de frustration que de stress. Mais cela peut aussi trouver son origine dans une impression d'incompétence et/ou dans la conviction que nos ressources sont insuffisantes.

Afin d'être admise dans le programme universitaire de son choix, Justine doit obtenir de bons résultats scolaires. Or, elle n'a aucune envie de faire les efforts demandés. Elle est anxieuse à l'idée de voir sa candidature refusée.

Le patron de Cédric exige qu'il rédige un rapport de ventes complexe, basé sur des données qu'il n'a aucune envie de décortiquer. Il stresse en s'imaginant entreprendre cette tâche.

Véronique s'est engagée à aller chercher son adolescent à son party à minuit, mais plus l'heure avance, moins elle en a envie. La tension monte en elle.

Je ne dois pas + je n'ai pas envie = Zone d'abandon

À quoi bon s'y mettre, alors? Ici encore, cependant, d'autres facteurs peuvent interférer et venir occasionner du stress:

Personne ne demande à Myriam de plier ses draps avec autant de précision et, à vrai dire, cela la rebute, mais elle se sent stressée s'ils ne sont pas parfaitement rangés.

David pourrait ignorer l'appel de cette cousine, à qui il n'a pas envie de faire la conversation, mais cela lui cause de l'inconfort, alors il répond.

Je ne dois pas + j'ai envie = Zone de réalisation ou de frustration

Deux conséquences peuvent survenir dans ce quadrant, selon une variable non représentée dans ce schéma : le potentiel de réalisation.

Devant la possibilité de réaliser ce qu'il a envie de faire, l'individu se sentira à l'aise.

Geneviève n'est pas dans l'obligation de recevoir ses amis à la maison, mais elle en a envie.

Si le potentiel de réalisation est faible, l'individu se retrouve dans une zone inconfortable, celle d'une frustration parfois vécue comme du stress ou confondue avec lui.

Jimmy n'est pas obligé de prendre congé le vendredi après-midi, mais il en a envie. Or, son patron lui refuse ce privilège… Éprouve-t-il du stress ou de la frustration ?

Entraînant des sensations physiques semblables et trouvant parfois leur origine dans des situations très similaires, le stress, l'anxiété et la frustration sont quelquefois difficiles à départager. Il n'en demeure pas moins que la frustration gagne à être distinguée adéquatement des deux autres ; puisqu'elle découle de désirs non comblés ou de buts hors d'atteinte, des stratégies de résolution de problème seront plus efficaces pour la traiter, comparativement aux deux autres.

Stress, anxiété, frustration ou quoi ?

Dans l'objectif de mieux départager le stress, l'anxiété et la frustration, vous pouvez vous aider d'un journal de bord, dans lequel vous aurez tracé quatre colonnes :

- Événement vécu
- Ai-je ressenti du stress ou de l'anxiété ?
- Ai-je ressenti de la frustration ?
- Ai-je éprouvé d'autres émotions ?

Cette réflexion exigera que vous accordiez de l'attention à vos impressions, perceptions et ressentis, de sorte à distinguer avec acuité ces différentes émotions et à y réagir de façon convenable.

LE FAUT-IL VRAIMENT ?

Réflexion essentielle dans une saine gestion du stress et de l'anxiété, revisiter le sentiment d'obligation par rapport à une tâche ou à un événement peut déjà amorcer un changement sur le plan des perceptions. En effet, beaucoup de stress et d'anxiété découlent de « je dois » auto-imposés…

Stéphane doit s'entraîner aujourd'hui. Le faut-il vraiment ? Est-ce que ce sentiment d'obligation provient de l'habitude qu'il a adoptée de s'entraîner quotidiennement ? D'un programme d'exercice auquel il adhère et qui lui propose un horaire défini ? D'une prescription de son médecin pour qu'il améliore sa santé ? Ou serait-ce parce qu'il se met lui-même cette pression et qu'il est rigide dans ses exigences à son propre égard ?

Sébastien doit faire le ménage du garage. Est-ce lui qui, selon ses propres standards, a statué que cette pièce était actuellement trop bordélique pour être fonctionnelle ou qu'il s'y sente bien ? Est-ce plutôt les attentes d'autres personnes, telles que sa conjointe qui semble exaspérée, ses parents qui hausseraient assurément les sourcils s'ils venaient chez lui et constataient l'état de l'endroit, les voisins qui pourraient le critiquer s'il laissait la porte ouverte, etc. ?

Lina doit rappeler sa clientèle avant midi. Est-ce obligatoire pour donner un bon service ? Serait-il convenable de déléguer cette responsabilité à son adjointe ? Est-ce que ses clients et clientes s'attendent nécessairement à recevoir un appel aujourd'hui ?

En cernant les fausses obligations, interprétées par l'individu comme des menaces et occasionnant du stress, de l'anxiété et/ou de la frustration, il devient possible d'apporter des changements, de sorte que le danger perçu s'amoindrisse ou disparaisse.

Une véritable obligation ?

Voici quelques questions pour vous aider à remettre en cause le caractère obligatoire d'une tâche ou d'un événement et à identifier les croyances et pensées à la base de ce sentiment d'obligation :

- Est-ce une exigence que je m'impose à moi-même ?
- Le faut-il vraiment ?
- Dois-je absolument faire cela pour atteindre mon but ?
- Est-ce que c'est un besoin ? Est-ce que je le fais pour éviter quelque chose (l'inconfort, la souffrance, un effort, etc.) ?

- Est-ce que mon « obligation » sous-tend un désir quelconque?
- Est-ce que je pourrais plutôt déléguer cette tâche?

Vous pouvez également répertorier vos réactions au sentiment d'obligation afin de mieux comprendre s'il génère du stress, en traçant sur une feuille de papier deux colonnes que vous remplirez au fil de votre quotidien:

- Tâche ou événement
- Réactions (émotionnelles, comportementales et physiologiques)

ET L'ENVIE LÀ-DEDANS?

Il est aussi essentiel de déterminer ce qui freine l'envie de réaliser une tâche, de faire face à une situation, de prendre part à un événement ou autre chose. Le manque d'envie peut, entre autres, traduire un manque de ressources, qu'il devient possible de combler lorsqu'on en prend conscience.

Le CINÉ, un bon point de départ pour la réflexion

Le concept de CINÉ de Sonia Lupien peut orienter la réflexion à propos du manque d'envie entraîné par une tâche, un événement ou une situation:

- Ai-je l'impression d'avoir peu de contrôle?
- Dois-je faire face à un haut niveau d'imprévisibilité?
- Est-ce nouveau pour moi?
- Est-ce que je perçois une menace pour mon *ego*?

Mais quelles sont les ressources dont l'absence rend quelqu'un vulnérable au stress ou à l'anxiété?

Qu'est-ce qu'il me manque ?

LES RESSOURCES INSUFFISANTES

Une menace (réelle ou imaginée) ne sera considérée comme dangereuse que si l'individu évalue qu'il n'a pas les ressources requises pour y faire face.

Sauter dans l'eau au beau milieu d'un lac n'est nullement menaçant pour celui qui possède de bonnes aptitudes à la natation, par exemple, mais peut constituer une expérience traumatisante pour un autre qui n'a jamais nagé. Ses compétences sont ici en cause.

Rien de bien inquiétant non plus dans le fait de prendre part à une course de quinze kilomètres pour un marathonien aguerri… sauf peut-être si son party de bureau de la veille s'est terminé au petit matin et de façon à lui garantir une belle migraine à son lever. Ici, c'est une baisse d'énergie qui peut lui nuire.

Au même titre, un individu pourrait se permettre d'avancer sans stress devant un poméranien montrant les dents pour protéger son territoire, mais serait bien avisé de reculer devant un berger allemand qui grogne en bavant. Les probabilités de sortir indemne d'un affrontement changent considérablement d'un cas à l'autre (quoique… enfin).

Voyons donc les ressources dont l'absence ou l'insuffisance peut occasionner du stress ou de l'anxiété.

LE TEMPS

Le temps est une ressource qui peut être considérée comme renouvelable (les journées de vingt-quatre heures recommencent sans cesse) ou non renouvelable (le temps passé ou perdu ne revient jamais). Dans tous les cas, elle est limitée (on ne peut en produire plus… je vous le jure, j'ai tout essayé !).

Le temps est indéniablement une source de stress et d'anxiété très largement répandue et reconnue, vu notre rythme de vie effréné. Il devient l'ennemi à combattre lorsqu'il apparaît insuffisant ou doit être compté serré : on doit composer avec des délais trop courts, on a l'impression de n'avoir jamais assez de temps pour faire ce dont on a envie, on voit les semaines, mois ou années défiler à vive allure. Cette course contre la montre occasionne du stress à coup sûr !

En dépit de l'obligation, de l'envie ou du désir de réaliser une tâche ou de prendre part à un événement, le manque de temps suffit à lui seul à gâcher le plaisir et à susciter stress et anxiété.

Olivia doit préparer le repas pour sa famille et a envie de cuisiner, mais elle manque de temps en soirée pour faire tout ce que requiert sa maisonnée, et encore plus pour élaborer un menu un tant soit peu raffiné.

On demande à Dominic d'apprendre l'anglais pour exercer ses fonctions et c'est un objectif qu'il vise depuis longtemps, mais il n'a pas le temps de suivre des leçons ou de faire des devoirs.

Les tâches de rédaction d'Émilie attendent d'être terminées et elle a vraiment envie de s'y mettre, mais son temps est grugé par une multitude de « je dois, mais je n'ai pas envie » : aller reconduire les enfants à leurs activités, faire des provisions à l'épicerie, nettoyer la salle de bain, etc.

Évidemment, le temps devient encore plus difficile à gérer lorsqu'il est envahi par un flot d'obligations non souhaitées !

RÉCIT DE PSY

Quand le temps n'est pas assez stressant

Nombreux sont les parents qui dévoilent, en consultation, les conflits récurrents qu'ils vivent avec leurs jeunes, se souciant peu du temps qui passe. *Il n'est jamais prêt à l'heure, je dois constamment le surveiller*; *Elle prend un temps fou pour faire quoi que ce soit; Il n'a aucune conscience des minutes qui s'écoulent:* voilà le type de commentaires que j'entends souvent. S'organiser au quotidien pour respecter des délais est en soi assez exigeant ; le stress atteint un autre niveau lorsqu'il faut par surcroît devenir, pour les membres de sa famille, le gardien ou la gardienne de l'horloge. Gérer son temps ne vient donc pas sans un lot d'impondérables, de facteurs incontrôlables et de sabotages parfois très frustrants ! Les pictogrammes, minuteries et signaux sonores peuvent parfois être des alliés de taille dans ce genre de situation. Le lâcher-prise est aussi bien souvent plus que nécessaire pour ne pas laisser cet irritant miner exagérément les relations familiales.

Le temps file...

Repensez à vos sources de stress ou d'anxiété des dernières semaines. Lesquelles étaient en lien avec un manque de temps, des délais trop serrés ou un sentiment d'urgence?

LES RESSOURCES PERSONNELLES

Les ressources stables

Les ressources stables sont liées aux compétences, aptitudes et habiletés d'un individu qui, sans être immuables puisqu'il est toujours possible de s'améliorer, ne changent pas ni ne se transforment pas de façon considérable dans un court laps de temps.

Encore une fois, même s'il en a envie, participer à un événement ou se soumettre à une tâche pour lesquels un individu estime ses compétences, aptitudes ou habiletés insuffisantes lui occasionnera inévitablement du stress ou de l'anxiété. Cela menace directement son *ego*.

Les marches de l'entrée sont faites de bois et doivent être remplacées. Bien que ce type de projet ne lui déplaise pas, à première vue, Béatrice ne possède pas les connaissances ni les compétences pour le faire. Du stress positif peut découler de cette situation, l'amenant à se renseigner, à s'outiller et à développer son savoir-faire. Du stress négatif risque aussi de survenir, la paralysant de sorte qu'elle abandonne le projet ou l'exécute dans la morosité.

Un groupe de camarades s'organise pour entreprendre une longue randonnée. Paul aimerait participer, mais craint de traîner de la patte derrière, puisqu'il est sans contredit moins entraîné. Et s'il ne se rendait pas au bout du trajet?

Hélène est invitée à une soirée pour célibataires. Elle souhaiterait rencontrer quelqu'un, mais elle est peu douée pour la conversation; elle ne sait jamais de quoi parler ni quoi demander à l'autre pour entamer un échange. Même lorsqu'on la sollicite, elle a l'impression que les idées ne parviennent pas à son esprit et répond bien souvent par monosyllabes.

Évidemment, le stress et l'anxiété atteignent leur niveau le plus élevé lorsque la tâche ou l'événement à affronter est constitué de «je dois, mais je n'ai pas envie et je ne dispose pas non plus des ressources personnelles nécessaires».

Afin d'être admise dans la banque de candidatures pour le poste qu'elle convoite, Isabelle doit absolument passer un examen de comptabilité. Elle pense cependant être nulle dans ce domaine et, à vrai dire, les exercices comptables lui puent au nez.

RÉCIT DE PSY

Et si cette voie n'était pas la mienne?

Un jeune venu me consulter me confiait son haut niveau d'anxiété quant à la poursuite de ses études au niveau collégial. Inscrit en sciences de la nature, Mathis devait réussir ses mathématiques et sciences enrichies au secondaire, sans quoi il ne pourrait continuer dans cette voie. Or, ses difficultés dans ces deux matières ne dataient pas d'hier et semblaient de plus en plus marquées. La fin de l'année scolaire était également ponctuée de remises de travaux et d'examens très exigeants, lui laissant bien peu d'occasions de se rattraper.

Lorsque je l'ai questionné sur son intérêt pour ce programme, il a admis être rebuté par l'idée de fournir des efforts constants et d'obtenir des résultats peu concluants pendant au moins deux ans de cégep, sans compter que les matières à étudier ne le passionnaient pas. *Mais alors, pourquoi te diriger vers ce domaine?* ai-je demandé. Mathis m'a répondu qu'il voulait s'ouvrir le plus de portes possible pour sa future inscription à l'université.

Une partie de mon travail en thérapie fut donc de l'amener à s'interroger sur la justesse de son raisonnement: s'il détestait effectivement toutes les matières se rapprochant des mathématiques et des sciences, était-il probable qu'il tombe en amour avec une profession qui nécessiterait de telles connaissances? Soit, l'idée d'élargir ses horizons était noble, mais, vu ce que je suis tentée d'appeler son manque d'aptitudes innées, pouvait-il orienter ses efforts ailleurs? Se concentrer sur ses talents revenait-il, dans sa vision des choses, à faire preuve de lâcheté? Et s'il modifiait son choix, était-ce une décision irrévocable?

Pour être conforté dans ses décisions, Mathis m'a demandé de passer des tests d'intérêts et d'aptitude à l'emploi; les résultats ont révélé qu'il avait un potentiel administrateur-humain élevé, mais bien peu de motivation ou de capacités reliées au domaine scientifique. Il a donc *révisé* son inscription au cégep et vu du coup une grande portion de son anxiété tomber.

Les situations sortant l'individu de sa zone de confort ont bien entendu le pouvoir de générer des doses de stress et d'anxiété élevées. Le manque de ressources, parfois attribuable à un nombre important de chapeaux à porter (employée, parent, animateur de foule pour les proches, chauffeuse de taxi pour les enfants, professeur au moment des devoirs, cuisinier pour la maisonnée, spécialiste en approvisionnement, entrepreneuse en construction, promeneuse de chiens et, pourquoi pas, infirmier à ses heures), occasionne une décharge d'adrénaline continue, qui à son tour mobilise l'énergie pour qu'il arrive à tout faire correctement (et dans les temps requis). Cela ouvre parallèlement la porte toute grande au stress chronique.

Si je veux, je peux... pas nécessairement !

Encore une fois, repensez à vos sources de stress ou d'anxiété des dernières semaines. Lesquelles parmi elles étaient en lien avec l'impression de manquer de compétences, d'outils, ou d'être incapable de surmonter des défis, en dépit des efforts investis ?

Les ressources instables

Les ressources personnelles instables peuvent connaître d'importantes variations dans un court laps de temps. Elles englobent la disponibilité de l'individu, son énergie et ses dispositions physique et psychologique. Des lacunes sur ce plan, au même titre que sur celui des ressources stables, génèrent souvent stress et anxiété.

Kim a promis à ses copines de se joindre à elles pour prendre un verre en soirée et, malgré sa grande envie de les voir, elle a la tête pleine et se sent très fatiguée. Elle est stressée à l'idée de les décevoir, tout comme à l'idée d'y aller.

Louis ne ressent normalement aucun malaise quand il accompagne son fils à ses parties de hockey partout à travers la région, mais aujourd'hui, après trois réunions, deux conférences téléphoniques et une montagne de dossiers non réglés, ce petit périple de soirée le stresse plus qu'il ne l'aurait souhaité.

Cette fameuse période du mois

S'il est admis que le stress affecte les règles féminines, notamment en occasionnant des douleurs plus importantes, l'inverse est aussi vrai : les règles peuvent augmenter le stress ressenti. La cause en est physiologique, essentiellement. Les taux d'hormones montent et descendent pendant les menstruations, en particulier celui de l'œstrogène, provoquant un mélange de symptômes physiques et émotionnels.

L'œstrogène a par ailleurs une incidence sur le niveau de sérotonine dans le sang, qui diminue normalement plusieurs jours avant les règles et peut être responsable de nombreux symptômes associés au syndrome prémenstruel. De faibles niveaux de sérotonine sont par surcroît impliqués dans la dépression, le trouble panique et le trouble obsessionnel-compulsif, notamment, en plus de rendre les individus moins tolérants à la douleur et plus sensibles aux critiques. Il est aussi largement reconnu, tant dans la littérature que dans la vraie vie, que les partenaires de vie capables de retenir leurs récriminations pendant cette période ont de bien meilleures chances de survie. 😉

Ça dépend de comment je me sens

Seriez-vous capable de retracer des événements ou des situations des derniers jours ayant généré du stress et de l'anxiété qui étaient, maintenant que vous y réfléchissez, sans contredit associés à votre état d'esprit, à votre niveau d'énergie ou à votre humeur ?

LES RESSOURCES AUTRES

Matérielles

Le manque d'argent, de matériel, ou l'indisponibilité du matériel peuvent assurément occasionner stress et anxiété.

La toiture de la maison s'est mise à couler, mais Sandy ne dispose actuellement pas des fonds nécessaires pour la remplacer.

Gaëlle a une recherche importante à effectuer pour son travail, mais le réseau Internet ne semble plus fonctionner.

Francis a l'argent requis pour acheter des masques N95 afin de protéger les employés et employées de son entreprise en temps de pandémie, mais plus aucun n'est en vente.

Humaines

Le soutien social, de même que l'expertise, la disponibilité et l'accessibilité des autres sont des éléments essentiels dans une bonne gestion du stress et de l'anxiété. Largement reconnues dans la littérature scientifique comme des piliers de la santé mentale, les relations interpersonnelles peuvent sans contredit alléger toute forme de menace perçue. Au contraire, leur absence entraîne inévitablement des défis supplémentaires au quotidien.

Ayant récemment immigré dans un nouveau pays, Miranda n'a ni famille ni ami ou amie pour la renseigner, lui prêter main-forte, la conseiller ou partager ses états d'âme.

Lorsque Christophe est face à une difficulté au travail, personne de son entourage ne possède des compétences plus développées que lui ou n'est disponible pour l'épauler, si bien qu'il est laissé à lui-même pour trouver une solution à son problème.

Sophie a beau avoir lu tous les livres qui existent sur la maternité, elle aurait trouvé rassurant de bénéficier de la présence de sa mère ou de sa belle-mère, toutes deux décédées, à son arrivée à la maison avec son nouveau poupon.

RÉCIT DE PSY

À chacun son métier!

Au moment où j'écris ce livre, notre prochaine maison familiale est en construction et je me retrouve déléguée au projet. Alors que plusieurs personnes de mon entourage m'ont prévenue du stress qu'une telle entreprise pouvait engendrer, je vis pour ma part l'expérience avec grand plaisir.

Mon réseau social y est pour beaucoup: plusieurs juristes dans ma famille peuvent répondre à mes questions juridiques, mon conseiller financier et mon comptable sont aussi très disponibles pour me guider et j'ai des amies arpenteuse-géomètre et décoratrice qui ne demandent qu'à s'impliquer. Tous les talents sont mis à profit!

Une autre personne-ressource qui contribue à ce que cette «première fois» se déroule sans angoisse est sans contredit l'entrepreneur responsable des travaux. Alors que j'ai très peu de vocabulaire pour exprimer mes idées lorsqu'il est question du chantier et que mes réflexions portent parfois à penser que je suis complètement dépourvue d'intelligence (et j'exagère à peine), il comprend mes onomatopées, se retient de se moquer de moi (!) et maîtrise parfaitement chaque étape de la construction. Son expérience et ses connaissances sont étendues et apaisent ma petite voix intérieure, qui aurait sans doute crié de façon désespérée si mon conjoint et moi avions eu la mauvaise idée de gérer nous-mêmes la construction.

Quand ce qu'on possède ne suffit pas...

Dernière réflexion concernant vos sources de stress et d'anxiété des dernières semaines : lesquelles étaient liées au manque de ressources matérielles ? Et au manque de ressources humaines ?

Après avoir cerné les ressources manquantes, hôtesses privilégiées du stress et de l'anxiété, il faut maintenant prendre la situation en main. Si certaines ne peuvent assurément pas être produites par un simple effort de volonté ou même au prix d'innombrables tentatives, d'autres peuvent être créées ou, à tout le moins, mieux gérées.

Voyons comment le temps, les ressources personnelles (stables et instables) ainsi que les ressources autres (matérielles et humaines) peuvent être générées.

Je vais m'en fabriquer !

LE TEMPS

Si seulement il était possible d'acheter du temps, une large portion du budget de certains individus (dont moi!) y serait probablement consacrée, sans compter que de nombreuses sources de stress et d'anxiété se verraient automatiquement éliminées. Or, puisque cela n'est pas faisable, il convient de prendre des mesures pour optimiser celui dont on dispose.

Le plus grand défi à surmonter consiste à *renoncer*. Puisqu'il est une ressource limitée, le temps impose de se serrer la ceinture dans ses choix d'actions, de projets ou d'activités. Autrement dit, même avec une formidable énergie ou la meilleure volonté, on ne peut malheureusement pas tout faire…

RÉCIT DE PSY

L'ennemi de mes désirs

Daphnée, jeune femme au début de la trentaine qui me consultait pour de l'anxiété, voulait être en mesure de préparer des lunchs équilibrés à ses enfants pour l'école, tout comme de faire de bons repas santé chaque jour de la semaine. Elle désirait aussi s'entraîner régulièrement et prendre du temps pour voir ses amis et amies. Elle tenait à ce que sa maison soit propre et rangée et insistait pour personnaliser sa décoration avec des projets qu'elle réalisait elle-même. Son attention aux autres, tels que ses collègues ou les membres de sa famille, l'incitait fréquemment *à* concocter une surprise ou à planifier un party. Bonne employée, elle refusait de déléguer ce qu'elle pouvait faire ; au contraire, elle levait souvent la main pour chapeauter de nouveaux projets. Elle cherchait de plus à être toujours tirée à quatre épingles, maquillée et coiffée, dans des vêtements fraîchement repassés. Tout cela nécessitait cependant trop de temps et elle en ressentait une grande anxiété. Il fallait que Daphnée fasse des choix et renonce à certains de ses désirs ou, à tout le moins, tolère des aménagements...

Le plus gros du travail a justement été de cibler ce qui était, pour elle, réellement important. Daphnée a tranquillement délaissé certaines activités qu'elle s'imposait en raison de vieux réflexes bien ancrés (notamment du côté du ménage et de l'ordre dans sa maison) et a fait le choix conscient et réfléchi d'en déléguer d'autres (mettant les enfants à contribution pour les lunchs, notamment, ce qui leur a permis de développer de l'autonomie). Elle est maintenant plus alignée sur ses vraies priorités.

Déterminer ce qui peut être tassé ou carrément éliminé de l'horaire est en soi un exercice extrêmement ardu, puisqu'il exige de grands changements dans ses valeurs, ses croyances et/ou ses perceptions (incluant le repérage des « je dois » erronés). S'il est impossible de tout mener de front, qu'est-ce qui peut être écarté ? Et qu'est-ce qui doit être maintenu, sans équivoque ? Certaines personnes diront que manger et dormir sont sans aucun doute des activités à prioriser quotidiennement, alors que d'autres trouveront le moyen de les esquiver pour gagner du temps.

Faire un constat réaliste, à partir d'une grille horaire « typique[11] » dans laquelle figurent toutes les activités entreprises normalement dans une journée ou une semaine, permet dans un premier temps d'avoir une vue d'ensemble de son emploi du temps et d'en contester la pertinence. La difficulté de cet exercice réside dans la capacité de se rappeler et d'identifier de façon très détaillée toutes les actions réalisées, incluant celles qui sont presque automatiques, mais surtout d'attribuer une valeur à ces dernières, pour ultimement choisir de les garder ou de les supprimer. En ce sens, même les activités en apparence indispensables pour un individu doivent néanmoins être classées par ordre de priorité.

Faire du sport revêt une très grande importance pour Anna, cet exutoire lui permettant de maintenir sa santé physique et mentale. Or, depuis que le préposé à l'aide à domicile qu'elle employait pour s'occuper de sa fille handicapée a quitté son poste, Anna ne parvient pas à se libérer en soirée pour s'adonner à ses activités.

Planifier avec à la fois rigueur et latitude est aussi un travail ardu, qui peut s'avérer payant, toutefois. L'horaire devrait donc inclure les transitions (les cinq minutes nécessaires pour ramasser ses effets avant de quitter le bureau, les trente minutes de déplacement en voiture, les trois minutes d'attente à la caisse, etc.), ainsi que des périodes vacantes pour les imprévus (le délai nécessaire à fiston pour retrouver ses mitaines au service de garde, le petit détour par la pharmacie pour acheter cette crème qui soulagera une éruption cutanée ou le temps requis pour éponger ce vin rouge renversé sur le fauteuil couleur crème ☺). Soyons réalistes cependant : certains imprévus de

11. Un exemple téléchargeable est offert sur le site des Éditions de Mortagne.

taille ont le pouvoir d'anéantir tout effort de prévoyance. Il n'en demeure pas moins que, ultimement, l'objectif de cette planification rigoureuse et souple est d'éviter la course contre la montre, hautement génératrice de stress et d'anxiété pour plusieurs.

TDAH : improvisation et procrastination

Le trouble du déficit de l'attention se présente souvent avec des traits d'impulsivité. Les personnes atteintes ont tendance généralement à suivre l'idée qui surgit au moment présent, quitte à se détourner de ce qui était planifié. Décider de changer les photos dans le cadre devant lequel on vient de passer en allant chercher une brassée, commencer une sauce à spaghetti après avoir ouvert le frigo pour donner une collation au petit ou choisir sur un coup de tête de refaire complètement la remise, alors que ce n'est que la porte qui a besoin d'être réparée, en sont de bons exemples.

Parallèlement, leur difficulté à se mobiliser entraîne de la procrastination et du travail de dernière minute. Incapables d'entreprendre des activités dont l'échéance est lointaine, ces personnes ont le potentiel de réaliser de grandes choses... à minuit moins une. Le stress et l'anxiété occasionnés par le sentiment d'urgence leur fournissent la décharge d'adrénaline nécessaire pour que survienne la motivation.

Avoir, autant que possible, un plan B peut être salvateur en certaines occasions. Faire des réserves de repas pour les soirées de circulation intense, garder des trucs à manger au bureau en cas de réunion imprévue, avoir un réseau de contacts qui peuvent cueillir les enfants au camp de jour ou sortir le chien enfermé trop longtemps pour conserver son titre de « gentil toutou » permet de diminuer le stress et l'anxiété inhérents aux événements soudains.

Rosalie se considère comme bien choyée: sa voisine immédiate, une personne retraitée, peut accueillir chez elle les enfants qui reviennent de l'école, avec un court préavis, si Rosalie est coincée au travail. En retour, Rosalie désherbe les plates-bandes de sa voisine pour lui éviter de se tenir penchée.

Bien entendu, il peut être difficile de garder à l'esprit tout ce que la journée, la semaine ou le mois à venir contient comme activités. Un système de planification visuel, tel qu'un calendrier familial agrémenté de couleurs pour en faciliter la consultation ou un agenda (papier ou électronique), de même que des rappels sonores ou des *pop-up* programmés sur la tablette ou le cellulaire constituent d'excellents alliés. Encore faut-il cependant, pour qu'ils soient efficaces, qu'on s'y réfère! Consacrer quelques minutes le soir en se couchant ou au réveil le matin à la révision de sa planification permet de ne pas se laisser surprendre par des événements qui auraient, de façon involontaire ou non, été écartés de la conscience ou oubliés. Il s'agit d'une habitude à prendre.

+ Psychanalyse et rendez-vous manqués

En psychanalyse, un acte manqué[12] est un acte qui a raté un objectif conscient, mais a parallèlement répondu à un désir inconscient. Il regroupe les ratés, les oublis, les lapsus, etc.

Selon cette théorie, l'inconscient provoque un acte manqué afin de protéger l'individu d'un danger (à tort ou à raison),

12. La notion d'acte manqué a été introduite par Freud en 1901 dans son essai intitulé *Psychopathologie de la vie quotidienne*.

comme verbaliser une opinion ou un sentiment qui aurait avantage à rester privé, réfréner une pulsion qui ne demande qu'à être libérée ou s'exposer à des conséquences non désirables. Les maladresses et les paroles non préméditées, tout comme les rendez-vous oubliés ou les tâches non terminées pourraient donc être interprétés en fonction de désirs refoulés.

Cela étant, l'esprit humain est hautement complexe et il serait réducteur, à mon avis, de tirer des conclusions en examinant le comportement sous un seul angle...

De plus, bien qu'il puisse être tentant de procrastiner lorsque les événements ou tâches à venir sont peu motivants, certains cas peuvent représenter pour vous un potentiel de stress ou d'anxiété élevé, alors que quelques minutes suffisent à les régler. S'y atteler sans attendre permet de réduire la charge mentale et d'empêcher l'escalade émotionnelle qui y sont associées.

Francis constate qu'alors qu'il a ruminé pendant des semaines en regardant cette porte écorchée par le ballon des enfants, le coup de pinceau nécessaire pour la remettre en état ne lui aura pris que quelques minutes. Il regrette maintenant de ne pas s'être mobilisé plus tôt, gardant inutilement cette tâche dans sa liste mentale.

Enfin, pour maintenir le cap sur sa planification et ses priorités, il faut nécessairement qu'un individu parvienne à établir ses limites auprès des gens qui l'entourent, de sorte à ne pas se faire gruger son temps si précieusement épargné. Entrent cependant ici en ligne de compte des enjeux de communication, d'affirmation de soi et d'estime personnelle, sur lesquels il doit parfois travailler afin d'en arriver à faire respecter ses frontières.

RÉCIT DE PSY

Temporairement hors d'usage

Benoit occupe un emploi qui lui demande d'être disponible pour répondre aux demandes de sa clientèle et de ses collègues dans de courts délais. Or, devant les exigences d'un tel mandat, il a décrété qu'il ne répondrait plus à son téléphone entre dix-sept et vingt heures, afin de se consacrer exclusivement à sa petite famille en toute quiétude. *Une sélection spontanée des urgences en découle*, m'a-t-il expliqué. *Certaines personnes, qui auraient envie de me parler en fin de journée, préfèrent attendre au lendemain plutôt que d'échanger en soirée. Je ne traite donc maintenant tardivement que les véritables priorités.*

En imposant ses limites de cette façon, Benoit a réduit le stress et l'anxiété qu'il pouvait vivre et même traîner chez lui.

La *to-do list* pour mieux gérer son temps avec sérénité

Faites la liste[13] de toutes les activités que vous accomplissez normalement dans une journée, puis dans une semaine, de façon très détaillée. Demandez-vous si elles sont toutes nécessaires ou pertinentes, et selon quels critères. Priorisez-les, en fonction de vos envies, de vos capacités et de la réalité. Prévoyez des plans B pour les situations imprévues génératrices de stress et d'anxiété. Armez-vous également d'outils (calendriers, agendas, chronomètres même) pour optimiser votre planification et voir le temps passer. Prenez l'habitude de consulter votre planning

13. Un exemple téléchargeable est offert sur le site des Éditions de Mortagne.

de la journée au réveil ou au coucher. Acquittez-vous des petites tâches banales, remplies rapidement, qui grugent inutilement votre tranquillité d'esprit. Enfin, délimitez le temps que vous avez à consacrer aux autres et sachez refuser les demandes, de sorte à prendre soin de vous et à vous faire passer en premier.

Je vais m'en fabriquer !

LES RESSOURCES PERSONNELLES STABLES

Penser qu'il suffit à un individu de vouloir augmenter ses ressources personnelles pour que, au prix de quelques efforts, il progresse là où ses lacunes étaient observées serait bien utopique. Bien sûr, une personne peut effectivement s'améliorer sur différents plans, mais il est réaliste de croire qu'elle sera toujours incompétente dans certains domaines. Alors, s'il est impossible d'être ultraefficace dans tout, tout le temps, comment faire pour éprouver moins de stress ou d'anxiété ?

MODIFIER SA VISION DES CHOSES

Si le corps réagit de façon immuable à la menace, en produisant des hormones lui permettant de se sauver ou de combattre comme aux temps archaïques des hommes des cavernes, le cerveau sait, lui, se montrer flexible et module les pensées en fonction des nouvelles réalités qui lui sont présentées.

Les croyances les plus profondément ancrées peuvent par conséquent être modifiées, de façon inconsciente ou non.

Certains événements viendront en effet altérer la perception qu'avait une personne de certains faits ou situations, tels qu'un deuil, un traumatisme ou une maladie, pour ne nommer que ces cas extrêmes. Il est aussi possible, toutefois, de changer sciemment sa vision des choses, pour s'adapter de façon plus adroite ou améliorer son ressenti.

Mathilde a commencé à travailler avec une nouvelle collègue, dont la personnalité extravertie lui tape royalement sur les nerfs. Après quelques jours, elle choisit cependant d'identifier consciemment les qualités de cette personne et de rire de son exubérance, pour ne plus se sentir constamment tendue en sa présence.

Adopter de nouvelles perspectives ou une autre façon de penser et revoir ses vieux réflexes d'interprétation de la réalité demande temps et investissement personnel, mais la clé d'une bonne santé psychologique repose en grande partie sur cette capacité.

Développer sa tolérance à l'incertitude

Ce qu'il y a de certain, dans la vie, c'est que rien n'est certain. Qu'on le veuille ou non, ou même qu'on soit convaincu du contraire, l'incertitude domine notre univers et ce qu'on considère comme une vérité profonde n'est bien souvent qu'une question de perception.

Difficile donc, en particulier pour certaines personnes plus fragiles, de ne pas recevoir de réponse ferme, d'être incapable de prédire la tournure des choses, de vaguer dans le doute, d'accepter que certaines informations restent à jamais inconnues ou de tolérer le délai nécessaire pour que se déploient des solutions. Les diseurs de bonne aventure, lectrices de cartes ou de feuilles de thé et astrologues de ce monde sont d'ailleurs très sollicités par cette population ! La tolérance à l'incertitude est cependant une arme on ne peut plus efficace contre le stress et l'anxiété.

L'intolérance à l'incertitude se traduit par une certaine fermeture d'esprit, quand une personne n'est à l'aise que devant des possibilités très tranchées – c'est oui ou c'est non, noir ou blanc. Les « peut-être », « on verra », « c'est possible » lui sont très pénibles, tout comme les autres paradoxes ou ambiguïtés. Comment alors, dans ces conditions, faire preuve de sérénité face à la multitude d'hypothèses qui peuvent être émises pour prédire ce que la vie vous réserve, expliquer une situation ou comprendre un comportement ?

Le stress et l'anxiété ont libre cours quand un individu refuse d'admettre qu'un même fait peut être le résultat d'un très large éventail de causes, interagissant par surcroît, et que le moindre changement d'une variable dans l'équation risque d'avoir une issue totalement différente. Cette rigidité de pensée nourrit les croyances erronées de cette personne, à son propre sujet ou à celui des autres.

Laurianne est convaincue que, si cet homme ne s'intéresse pas à elle, c'est qu'elle n'a aucun potentiel de séduction (par opposition à : ses expériences l'ont conduit à préférer des femmes plus comme ci ou comme ça ; il a été blessé et se montre maintenant fermé aux nouvelles relations ; il ne croit pas qu'elle puisse être attirée par lui, alors il ne voit même pas qu'elle cherche à le séduire ; etc.).

Le mal de ventre d'Ivan, qui dure depuis plusieurs jours, signifie assurément la présence d'un cancer à son avis (par opposition à : cette douleur est peut-être occasionnée par le stress ; il a possiblement irrité son estomac en mangeant quelque chose ; il a une affection mineure, qui se soigne facilement ; etc.).

Accepter qu'on ne sache pas ce qu'on ne sait pas, se concentrer sur les éléments connus pour le moment, en s'ajustant à mesure que des informations nouvelles se greffent sur le portrait global, et être capable d'avancer, en se fiant à sa faculté de rebondir face aux menaces ou aux déroulements imprévisibles, nécessite de fait une certaine confiance en ses capacités. La beauté de la chose, cependant, c'est que ces mêmes capacités ne sont pas immuables ; tout dépend de notre perception et de l'évaluation qu'on en fait !

Comment donc augmenter sa tolérance à l'incertitude ?

- **Approfondir son analyse.** À première vue, cette stratégie peut générer encore plus de stress et d'anxiété, puisque, ce faisant, on multiplie les hypothèses. Elle permet toutefois de prendre conscience de la complexité des choses et de mieux assimiler le fait que les réponses absolues n'existent tout simplement pas.

  Tom s'inquiète du fait que sa conjointe soit en retard à la maison, elle d'habitude si ponctuelle. La première idée qui lui vient à l'esprit est qu'elle a eu un accident, ce qui génère spontanément en lui des sentiments désagréables. En prenant le temps de formuler d'autres hypothèses sur les raisons de son retard (elle est prise dans un bouchon de circulation; elle a été ralentie au moment de son départ par une collègue très volubile; elle a choisi d'aller faire une course avant de rentrer; etc.), il sent son stress diminuer.

- **Éviter de chercher la rassurance.** La quête de certitudes contribue au maintien de l'intolérance à l'incertitude. Inutile donc de vérifier auprès de ses proches si le comportement adopté était le bon, de questionner son conjoint ou sa conjointe sur la pertinence du dernier commentaire fait en public, de fouiller Internet pour trouver le plus d'informations possible ou de faire le tour des membres de sa famille pour savoir ce qu'ils pensent de telle ou telle décision. Toutes ces réponses n'apaiseront la personne en quête de vérité que pour une courte durée… jusqu'à ce que surviennent de nouvelles questions.

En dépit du fait qu'elle se soit renseignée convenablement auprès de sources fiables, Claire a envie de demander aux membres de sa famille s'ils considèrent que le choix du véhicule qu'elle s'apprête à acheter est le bon, question d'atténuer son anxiété. Elle se retient cependant de le faire en repensant à sa décision de déménager, soumise de la sorte à son entourage; les opinions étaient si partagées qu'elles l'amenaient à osciller entre des états de stress et de soulagement passager, sans finalement la convaincre de l'action à entreprendre.

- **Distinguer incertitude et indifférence.** Accepter de ne pas connaître une réponse ne revient pas à se balancer de cette dernière. Une conduite responsable implique en effet de répondre à des questions, dans une certaine mesure: prendre rendez-vous chez le médecin pour faire examiner cette nouvelle bosse, téléphoner à son ado qui ne respecte pas son couvre-feu ou questionner son ami sur la tension qui s'est installée dans votre relation en sont de bons exemples. Tout est une question de dosage.

Jérôme est blessé par les commentaires de son épouse, qui le considère comme désengagé par rapport à leur fils, maintenant jeune adulte. Il est vrai de dire qu'il parvient facilement à dormir sur ses deux oreilles, même si ce dernier n'est pas rentré à la maison, contrairement à elle, qui fait de l'insomnie en attendant le bruit de la voiture du garçon dans l'entrée, indiquant son retour. Pour sa part, Jérôme a confiance en son fils: il connaît les règles de sécurité et sait assurer son propre bien-être.

Vérifier qu'il est bien dans sa chambre le matin venu lui semble être le comportement approprié.

- **Jouer la comédie.** La meilleure façon d'en venir à composer avec l'inconnu consiste à poser des gestes concrets qui traduisent une bonne tolérance à l'incertitude. Autrement dit, il suffit à l'individu de se faire croire qu'il a cette capacité pour que, effectivement, il finisse par la développer.

  Malgré le stress intense généré par l'éventail des possibilités qui s'offrent à elle lorsque vient le temps de choisir sa prochaine destination de vacances, Émy arrête néanmoins son choix sur un endroit inusité; elle se sent d'ailleurs fière de sortir des sentiers battus et aime croire qu'elle pourra surmonter de mieux en mieux son anxiété, en prenant de telles décisions.

Je ne sais pas, mais ça va aller

Le fait de ne pas savoir quelque chose vous tiraille-t-il le ventre? En toutes circonstances ou dans seulement certains aspects de votre vie? Comment pourriez-vous augmenter votre flexibilité et votre tolérance à l'incertitude?

Penser autrement: restructurer ses pensées

La restructuration cognitive implique de confronter ses croyances irrationnelles avec les faits pour remettre en question sa façon de penser ou de voir les choses. Conséquemment, le ressenti de l'individu s'en trouve modifié. Le principe qui sous-tend cette intervention est que les émotions, incluant le stress et l'anxiété, sont causées par nos perceptions, bien davantage que par la réalité. Autrement, un même événement occasionnerait nécessairement les mêmes réactions chez tous les individus, n'est-ce pas ?

> *Alors que Lyne est terrifiée à l'idée de partir en croisière, sa copine Thérèse se réjouit de cette escapade en mer et espère même secrètement pouvoir expérimenter une tempête...*

Les pensées précèdent donc les émotions, mais, comme elles sont très rapides et se situent parfois à la limite de l'inconscient, il peut être difficile d'en prendre conscience. D'ailleurs nommées « pensées automatiques » en psychologie cognitive, ces idées dysfonctionnelles ont pourtant intérêt à être identifiées, évaluées et modifiées.

- **Repérer les pensées automatiques ou dysfonctionnelles.** Lorsque le corps se crispe, que les battements de cœur s'accélèrent et que les pensées catastrophe s'immiscent dans notre esprit, il est parfois très facile d'en identifier l'élément déclencheur. Cependant, il arrive aussi que l'origine des craintes ou des sensations se tienne en dehors du champ de conscience, pour un moment du moins, ou qu'une cause flagrante en cache une ou plusieurs autres, moins évidentes.

Il est alors impératif de s'arrêter et de se questionner, puisque, pour les modeler, il faut savoir de quoi nos perceptions sont constituées. *Pourquoi est-ce que je ressens tant d'inquiétude ? De quoi ai-je peur ? Quelles sont mes craintes exactement ? Qu'est-ce que j'anticipe de négatif ?* sont des questions auxquelles vous devrez répondre avant de passer à la prochaine étape. Bien qu'en apparence aisé, voire simpliste, cet exercice d'introspection peut être compliqué par des résistances bien articulées ou des dénis.

RÉCIT DE PSY

Une peur ignorée

Jonathan, père de famille dans la mi-trentaine, me consultait pour apprendre à gérer son stress. Dirigeant d'une entreprise familiale en pleine expansion, cet homme en apparence très sûr de lui, solide et intransigeant dans ses relations, attribuait ses symptômes anxieux à sa surcharge de travail, combinée à ses responsabilités à la maison. Sans que cela fût totalement faux, il résistait au fait de reconnaître que l'élément déclencheur de son anxiété le plus important était lié à sa peur d'être désapprouvé ou rejeté par les autres. En tant que mâle alpha sur qui de grandes décisions reposaient, il voyait comme une faiblesse condamnable sa crainte de ne pas être aimé et préférait projeter une image très assurée qui inspirait certes confiance, mais ne parvenait pas à le déjouer lui-même. La première étape de son traitement a donc été cette prise de conscience et une acceptation sans jugement de ses véritables craintes.

Des pensées difficiles à cerner

Au cours des deux prochaines semaines, prenez vingt minutes par jour pour dresser une liste divisée en trois colonnes:

- Situations stressantes ou anxiogènes
- Émotions
- Pensées automatiques.

Pourquoi le répéter si souvent et si longtemps? Parce que les pensées automatiques sont difficiles à déceler. Elles surviennent de façon irréfléchie et se situent bien souvent en dehors du champ de conscience.

- **Discréditer les pensées anxiogènes.** Afin d'amorcer un changement, il est impératif que l'individu reconnaisse que ses pensées anxiogènes, sans nécessairement être fausses, sont dysfonctionnelles. Elles ne contribuent pas à le rendre mieux adapté ou plus efficace, mais au contraire lui nuisent et s'accompagnent d'une charge émotive négative.

Pour modifier nos croyances, il convient d'évaluer les preuves, évidences, expériences passées ou probabilités qui pourraient appuyer nos craintes. *Est-ce que cela m'est déjà arrivé auparavant ? Combien de fois ? Dans le même contexte ? Sur quoi est-ce que je me base pour affirmer que ce que je crains se produira ? Quels sont les risques ou probabilités réels que ça survienne ? Est-ce une certitude à 100 % ?*

Essentiellement, l'idée est de semer le doute, en remettant en cause les « vérités » absolues, pour faire germer des visions ou possibilités différentes de celles qui sont appréhendées.

> *Didier est très anxieux à l'idée de partir en voyage avec sa conjointe sans rien planifier, avec son sac à dos. Il ne craint pas nécessairement le danger, mais davantage les contraintes qui risquent de se présenter s'ils se pointent dans une auberge qui affiche complet, par exemple, ou ne trouvent pas d'endroit où se ravitailler. En contestant ses appréhensions* (quelles informations te permettent de croire cela? quelles sont les probabilités que cela se produise? le cas échéant, est-ce que ce serait si pire que ça?), *sa conjointe l'aide à voir les choses d'une autre façon.*

Énumérer les contre-preuves pour démentir ce type de pensées peut aussi être une bonne stratégie. Par exemple: *Oui, cela m'est déjà arrivé, mais les conditions et le contexte étaient nettement différents* ou *Je connais quelqu'un qui a bel et bien vécu cette situation, mais plusieurs aspects de sa personnalité sont à l'opposé de la mienne.*

Au même titre, il importe d'ébranler la croyance selon laquelle les pensées anxiogènes sont utiles ou servent un quelconque objectif. En amenant à peser le pour et le contre, l'exercice peut conduire à des réflexions nouvelles et plus adaptées.

RÉCIT DE PSY

Aimer, c'est s'inquiéter

Une cliente souffrant d'un trouble d'anxiété généralisée (TAG) me racontait les préoccupations qui envahissaient quotidiennement son esprit. La crainte que son mari ait un accident de voiture, celle que son fils déboule les escaliers ou que son père fasse un infarctus et bien d'autres encore occupaient toute la place dans sa tête et drainaient son énergie.

Les conséquences négatives de ses anticipations étaient nombreuses et facilement identifiables. Or, quand nous avons exploré ces pensées, il est apparu qu'elle voyait dans ses inquiétudes le symbole de l'affection qu'elle entretenait pour ces personnes ; être inquiète constituait, selon sa conception, un gage d'amour. Difficile donc, dans ces conditions, de modifier des croyances sans en éprouver une grande culpabilité.

Il nous a donc fallu faire émerger dans son esprit le doute sur les répercussions de ses pensées sur la réalité. Après qu'elle a reconnu qu'elle ne pouvait, par un simple effort de volonté, faire tomber la pluie, gagner à la loterie ou susciter un quelconque événement, elle a tranquillement assimilé l'idée selon laquelle ses inquiétudes exagérées ne prévenaient aucunement les catastrophes qu'elle imaginait et, par surcroît, n'étaient pas un signe d'amour, mais causaient plutôt du tourment dans ses relations.

Les pensées anxiogènes sont, généralement, franchement exagérées, même si elles comportent parfois une parcelle de vérité. Remettre les choses en perspective en recadrant ses appréhensions, pour en évaluer l'effet réel, est un autre exercice auquel devrait se soumettre une personne stressée ou anxieuse. La répétition d'un banal « et alors ? » permet d'ailleurs de creuser la réflexion. Par exemple :

— J'ai peur de parler en public.

— Pourquoi ?

— Je pourrais me tromper.

— Et alors ?

— On rirait de moi.

— Et alors ?

— Mon *ego* en prendrait un coup.

— Et alors ?

— ... et alors rien. Je survivrais.

En fin de compte, l'objectif est de déconstruire l'illusion d'une catastrophe imminente ou de découvrir que le pire n'est finalement pas si pire...

> *Frank était terriblement anxieux à la perspective de demander à cette fille de sortir avec lui... jusqu'à ce qu'il réalise que, dans le pire des scénarios, elle dirait simplement « non, merci ».*

Une stratégie de recadrage efficace est de projeter la pensée sur quelqu'un d'autre, pour envisager la situation sous un angle extérieur. Un individu très stressé de téléphoner à un commerce, par crainte de bafouiller par exemple, pourrait s'imaginer ce qu'il dirait à son collègue qui éprouverait cette même peur. *Ce n'est pas grave ; celui ou celle qui te répondra ne te connaît pas et ne te voit même pas ! Tu n'auras qu'à recommencer ta phrase, si cela arrive. La personne au bout du fil n'aura sûrement rien à faire de ton bafouillage ; elle sera probablement trop occupée pour le remarquer*, etc.

Se faire soi-même l'avocat du diable

Afin de les déconstruire, soumettez vos pensées anxiogènes à ces quelques questions:

- *Est-ce que c'est vrai? En ai-je la conviction?*
- *Suis-je certain ou certaine que ça va arriver?*
- *Dans le passé, qu'est-ce qui s'est produit dans la même situation?*
- *Ai-je des preuves que cela va survenir? Quelles en sont les probabilités?*
- *Y a-t-il des éléments qui vont dans le sens contraire de ce que je crois?*
- *Quel est le pire qui pourrait avoir lieu? Le pire serait-il «si pire»?*
- *Ai-je tendance à exagérer ou à voir les choses pires qu'elles ne le sont?*
- *Est-ce vraiment important, ce que les autres vont songer ou dire?*
- *Qu'est-ce que je penserais, moi, si cela arrivait à quelqu'un d'autre?*
- *Si quelqu'un d'autre était de cet avis, que lui dirais-je?*
- *Si je voulais convaincre quelqu'un d'autre que cette pensée est fausse, quels seraient mes arguments?*
- *M'attends-je à être toujours parfait ou parfaite partout?*
- *Qu'est-ce que j'ai appris dans le passé qui pourrait m'aider maintenant?*
- *Est-ce que je peux voir la situation autrement?*
- *Est-ce que je peux changer quoi que ce soit à cette situation ou est-elle hors de mon contrôle?*

Et ma préférée entre toutes...

- *Qu'est-ce que ça va changer dans l'Univers, si?...*

Alors? Vos pensées tiennent-elles toujours la route?

- **Identifier les distorsions qui sous-tendent les pensées anxiogènes.** Les distorsions cognitives sont des erreurs de pensée prévisibles ayant souvent pour conséquence de nous faire entretenir des croyances irrationnelles et des émotions négatives. Les pensées anxiogènes sont d'ailleurs fréquemment alimentées, voire provoquées, par ces fausses idées. En les cernant correctement, il devient possible de les contrer. Voici quelques-unes des distorsions cognitives fréquemment observées:

Le filtre mental

- Tendance à exagérer les éléments négatifs et à minimiser les éléments positifs.

Mon patron m'a demandé de revoir ce dossier; je n'avais donc pas été en mesure de faire un travail de qualité.

Le «tout ou rien»

- Tendance à voir les choses de manière très polarisée, sans nuances (penser en noir et blanc).

J'ai eu une mauvaise note à mon examen. Je suis vraiment trop stupide pour poursuivre des études.

La surgénéralisation

- Tendance à tirer des conclusions sur la base d'un seul incident. Ces conclusions servent ensuite de point de départ à l'interprétation d'autres situations, qui n'ont parfois aucun lien, d'ailleurs.

Je ne suis même pas capable de gérer mon argent correctement, c'est clair qu'aucune femme ne s'intéressera à moi.

La personnalisation

- Tendance à s'attribuer personnellement la responsabilité d'éléments extérieurs ou hors de son contrôle

ou

- à penser à tort que ce que les autres font est lié à soi.

C'est certain que, si on va camper, il ne fera pas beau; j'ai un don pour ça!

Il devait savoir que je voulais lui parler, alors il a quitté le travail rapidement, pour ne pas m'affronter.

Le catastrophisme

- Tendance à envisager les pires scénarios ou conséquences possibles d'une situation

ou

- à en exagérer l'ampleur.

Si tu vas dehors sans mitaines, tes doigts vont geler et tu devras être amputé.

Si je perds mon emploi, je vais faire faillite.

Le raisonnement émotionnel

- Tendance à présumer que nos sentiments reflètent ce qu'on est

ou

- que des états émotifs correspondent à la réalité.

Je me sens gêné; je suis certainement un grand timide.

Si j'ai peur, c'est que cette situation constitue un danger.

Les conclusions hâtives

- Tendance à tirer des conclusions rapidement, en l'absence d'informations valables.

Il est en retard. Il a dû avoir un accident.

L'étiquetage

- Tendance à attribuer des étiquettes négatives, permanentes et caricaturales aux autres ou à soi-même.

Ma fille est une entêtée.

Je suis un anxieux.

La pensée magique

- Tendance à faire reposer la résolution de ses problèmes sur des facteurs hors de son contrôle.

Mon fils passe trop de temps devant son écran, mais il va probablement cesser en vieillissant.

La distorsion de l'iniquité

- Tendance à croire que la vie se doit d'être équitable sur tous les plans.

Je ne devrais pas prendre plus de poids que lui en mangeant les mêmes choses.

Les fausses obligations

- Tendance à présumer ce qu'on devrait, ou ce que les autres devraient, faire, ressentir, dire, etc.

C'est ma mère, alors je dois l'aimer.

Se défaire des automatismes

Examinez de nouveau vos pensées anxieuses. Êtes-vous en mesure d'identifier certaines distorsions cognitives qui se cachent derrière elles ? Mettez-les en lumière, en les couchant sur le papier par exemple, de sorte à redoubler de vigilance pour mieux les déceler la prochaine fois qu'elles apparaîtront.

- **Remplacer des pensées.** Choisir consciemment de formuler des pensées constructives est un excellent point de départ. Mais, afin que ces nouvelles croyances deviennent des automatismes, des « réflexes de pensée », encore faut-il se soumettre régulièrement à l'exercice. Ainsi, on peut commencer par reformuler des pensées exagérées pour en faire des pensées plus réalistes.

Élyse travaille à transformer ses pensées spontanées. Elle remplace dorénavant « je suis nulle » par « j'éprouve des difficultés », et « je n'y arriverai jamais » par « je progresse lentement, mais je progresse ».

Je propose aussi toujours à ma clientèle d'intégrer mes deux mantras préférés à son discours intérieur pour combattre le stress et l'anxiété :

- *Ceci n'est pas une menace, je ne suis pas en danger.*

et

- *Cette situation est désagréable, mais elle n'est pas dangereuse.*

Il faut cependant faire bien attention à ne pas substituer aux pensées catastrophe des pensées positives irréalistes, qui ne contribueraient pas à diminuer l'anxiété à long terme, mais pourraient, bien au contraire, l'exacerber. Par exemple, un jeune qui n'aurait pas écouté en classe et qui se dirait *Mon examen va bien se passer* userait davantage d'une stratégie de déni que de la pensée positive réaliste. Nier l'anxiété et les sentiments négatifs qui s'y joignent, plutôt que d'y faire face, peut mener à d'autres problèmes émotionnels.

Ancrer des pensées de remplacement

Examinez vos pensées avec vigilance et tentez de faire prendre à celles qui revêtent une connotation négative une tangente plus positive. Placez aussi bien en vue les phrases *Ceci n'est pas une menace, je ne suis pas en danger* et *Cette situation est désagréable, mais elle n'est pas dangereuse*, de sorte à les assimiler. Elles vous reviendront spontanément en mémoire dans des occasions de stress et d'anxiété.

S'AFFIRMER

S'affirmer signifie s'octroyer le droit de penser, de vouloir, de ressentir ce qu'on veut et d'exprimer ses désirs ou ses besoins, qu'ils soient semblables à ceux des autres ou différents d'eux. C'est donc se connaître, dans son unicité, et se choisir, non pas dans une perspective égoïste, mais bien davantage authentique. En revanche, se taire revient implicitement à estimer que les autres revêtent plus d'importance, sont prioritaires, et que leurs besoins ou désirs sont plus légitimes.

> *Samuel n'avait aucune envie de passer la soirée chez sa blonde, mais elle le voulait; il s'y est donc rendu, sans l'informer qu'il aurait préféré demeurer chez lui.*

L'affirmation de soi peut être difficile, pour un individu dont la confiance est incertaine. Pourtant, le fait d'établir ses limites conduit l'entourage d'un individu à mieux les respecter, à répondre aux demandes qu'il formule et à être plus à l'écoute de ses désirs, ce qui en retour augmentera son sentiment de confiance et, ultimement, le prémunira contre le stress et l'anxiété.

Bien entendu, s'affirmer ne signifie aucunement obtenir tout ce qu'on désire ni s'imposer aux autres, sans tenir compte de leurs propres frontières; cependant, prendre position réduit les intrusions dans son espace personnel et permet de se protéger contre les abus. S'affirmer, c'est dire par exemple *Non, je ne peux pas travailler sur ce projet, j'en ai déjà trop sur les épaules* ou *Non, je ne peux pas laver ton chandail bleu marine à vingt-deux heures parce que tu veux le mettre demain matin.*

S'affirmer implique aussi de reconnaître et d'énoncer ses responsabilités; d'assumer sa part, mais aussi de laisser le soin aux autres d'assumer la leur. Cela consiste tout simplement à leur déclarer: *J'ai agi pour régler ce problème. À votre tour maintenant.*

Pour faciliter l'affirmation de soi, il convient donc de :

Répéter le discours

Il est possible que les défis associés à l'autoaffirmation soient amplifiés par le fait que l'individu ait du mal à trouver les mots pour traduire sa pensée, lorsqu'il sent ses limites atteintes. Répéter le message auparavant, si cela est possible, permet de gagner en confiance lorsque vient le temps de s'exprimer.

Entraîner son corps

Comme je l'ai expliqué précédemment, le cerveau ne fait souvent pas la différence entre une situation imaginée et une situation réelle. Qui plus est, le corps et l'esprit sont aussi très liés.

+ Expressions et émotions

Pour explorer le lien entre les réactions du corps, notamment le langage non verbal, et les émotions, un groupe de recherche[14] a demandé à des personnes auxquelles on présentait une comédie, un documentaire neutre ou des scènes d'accident déplaisantes d'exagérer ou de supprimer les expressions faciales correspondant à leurs émotions. Les résultats ont indiqué que ceux et celles auxquels on avait demandé d'amplifier leur non-verbal ont connu une réponse émotionnelle plus intense que les autres groupes.

---

14. M. Zuckerman, et autres. (1981). « Facial, Autonomic and Subjective Components of Emotion : The Facial Feedback Hypothesis versus the Externalizer-Internalizer Disctinction », *Journal of Personality and Social Psychology*, vol. 41, n° 5, p. 929-944.

Une autre recherche (controversée, il faut en convenir) a démontré qu'adopter une posture de superhéros ou superhéroïne[15] - c'est-à-dire se tenir les jambes écartées, les mains sur les hanches - pouvait contribuer à une disposition mentale positive. L'individu se sentirait plus puissant et plus confiant momentanément, ce qui augmenterait ses chances de réussite et lui insufflerait de l'énergie.

Jouer la comédie entraîne donc des réactions qui s'approchent de l'image ainsi projetée. En adoptant la posture, l'intonation, les expressions faciales, le port de tête, etc., d'une personne qui dégage de la confiance, un individu gagne automatiquement en assurance et devient plus à même de s'affirmer.

Se donner des instructions

Se parler à soi-même de façon positive ou encourageante et se « dicter » de manière autoritaire ce qui va se passer aide à acquérir de l'assurance.

Avant sa réunion, Rose se répète: « Je vais me tenir bien droite et je vais parler assez fort pendant la rencontre d'équipe. »

En préparant sa soirée de couple, Annie pense: « Je vais dire à mon conjoint ce qui ne va pas, en le regardant dans les yeux. »

15. James Clear (2018, 26 juillet). « Body Language Hacks: Be Confident and Reduce Stress in 2 Minutes Per Day », [En ligne]. [jamesclear.com/body-language-how-to-be-confident] (Consulté le 22 juin 2020).

S’affirmer ou s’effacer ?

Êtes-vous une personne capable de s’affirmer facilement? Hésitez-vous à faire connaître le fond de votre pensée ou vos sentiments? Dans quelles conditions avez-vous tendance à vous effacer? Est-ce que cela génère pour vous du stress ou de l’anxiété ?

L’ESTIME PERSONNELLE

L’estime personnelle constitue un véritable bouclier contre le stress et l’anxiété. Rappelons-le, ces derniers naissent de réactions de peur à un événement considéré comme menaçant ou d’inquiétudes provoquées par l’anticipation de conséquences négatives. Or, plus l’individu évalue qu’il a les ressources, connaissances et compétences pour faire face à ce qui survient sur son parcours, moins il sera anxieux.

Cela étant, comment un individu peut-il parvenir à augmenter son estime ?

Développer le sentiment de compétence

Relever un défi, poursuivre un but ou atteindre un objectif renforce le sentiment d’être habile, efficace, d’avoir du talent ou des compétences.

Mathieu s’est inscrit à un concours de chant. Il se produira devant un public pour la première fois de sa vie; il a envie de se prouver que sa pomme de douche et lui ne sont pas les seuls à apprécier sa voix.

Pour prendre conscience de son potentiel, l'individu doit cependant se mettre à l'épreuve, en sortant un tant soit peu de sa zone de confort et en expérimentant. Rester dans un environnement trop statique ou routinier enlève cette possibilité. Il n'est nullement nécessaire toutefois qu'il fasse l'ascension du Kilimandjaro ou reçoive un postdoctorat à Harvard ; des objectifs trop élevés, qui ne tiennent pas compte de ses compétences, de ses talents ou des difficultés qu'il rencontre auront l'effet inverse, soit de le décourager et de miner son image. S'ils sont trop faciles à atteindre, ils ne réussiront pas non plus à susciter sa fierté. La vie quotidienne se charge heureusement de mettre sur le chemin de l'individu une multitude de petits défis à sa portée qui, adroitement traités, permettent de développer son estime.

Le principe de la balance s'applique lorsque vient le temps de moduler notre image de soi et notre sentiment de compétence. Les événements font généralement en sorte que nos failles ou légers travers nous sont périodiquement rappelés. Laisser passer des fautes d'orthographe dans un document et nous le faire signaler par notre collègue, oublier de sortir les poubelles et subir les remontrances de notre tendre moitié, ou comprendre par la réaction de nos proches que notre blague était très mal placée sont des exemples de situations qui viendront, de temps à autre, grafigner notre *ego*. Ces blessures seront sans conséquence grave, mais pourront devenir particulièrement douloureuses si, en contrepartie, l'individu ne parvient jamais à accumuler de petits succès.

Notons enfin que les réussites contribuent d'autant plus au sentiment de compétence, à l'estime et à la motivation si elles sont soulignées par des personnes significatives – des supérieurs et supérieures, collègues, parents, amis et amies, amoureux ou amoureuse, etc. Comme il n'a cependant aucun pouvoir sur les rétroactions des autres, l'individu gagne également à parvenir à se féliciter lui-même.

RÉCIT DE PSY

Des félicitations de moi à moi

Un client en thérapie, cadet d'une famille de trois enfants, me mentionnait sa grande déception de ne jamais être reconnu, pour ses talents ou réalisations, par ses parents. Ses deux grands frères bénéficiaient, à ses dires, d'une reconnaissance et d'une valorisation quasi indues, alors qu'on lui portait bien peu d'attention.

Ayant atteint le début de la quarantaine, il avouait trouver bien candide de sa part d'attendre encore et d'espérer ces rétroactions. Or, une partie de mon travail fut de l'amener à envisager que les compliments ou les félicitations ne viendraient possiblement jamais (du moins, de la part de ses parents). Dans ces conditions, il était préférable qu'il se concentre à tirer lui-même satisfaction et fierté de ses actions. *Pas si facile de me valoriser*, me disait-il, *surtout que le manuel d'instructions ne m'a jamais été présenté!* Je lui faisais alors remarquer qu'il y parvenait très bien avec ses propres enfants et pouvait simplement s'offrir le même type de compliments lorsqu'une action méritait d'être soulignée.

Le sentiment de fierté est en effet facilement gonflé par des félicitations ou des compliments, même lorsque la source de ces derniers n'est pas celle espérée.

Garder en tête ses fiertés

Au fil des journées, notez les objectifs atteints et les défis relevés, qu'ils soient minimes ou très grands, de sorte à facilement vous les rappeler, à renforcer votre sentiment de compétence et à rehausser votre estime. Référez-vous à cette liste, lorsque votre confiance est ébranlée ou que vous éprouvez plus de stress ou d'anxiété.

Attribuer autrement

Les individus ayant une estime de soi fragile ou faible ont tendance à attribuer leurs succès à des causes externes, impliquant qu'ils sont « uniquement » causés par des facteurs sur lesquels ils n'exercent pas de contrôle. Une entrepreneuse qui estime que sa compagnie a connu un bel essor seulement parce que les conditions du marché étaient favorables à ce moment, un employé qui présume que la satisfaction de ses patronnes repose exclusivement sur le travail de ses collègues ou une jeune qui croit avoir obtenu un bon résultat à son examen parce que l'enseignant est très clément dans sa correction en sont des exemples.

Charlotte croit avoir remporté le premier prix de composition littéraire au cégep juste parce que son père y est enseignant.

Ces personnes ont parallèlement aussi tendance à attribuer leurs échecs à des facteurs internes, comme des traits de personnalité. Une personne pourrait croire qu'elle s'est fait pirater son Internet parce qu'elle est naïve ; un professionnel pourrait penser que les rendez-vous annulés dans son agenda traduisent ses faibles compétences ; ou une patronne pourrait interpréter la démission de son employé à la lumière de son manque de leadership.

Antoine estime que sa copine l'a laissé parce qu'il est un mauvais amant.

Pour préserver, voire développer son estime personnelle, il convient de modifier certaines croyances et perceptions. On cherche à renverser cette propension à porter le blâme, sans pour autant tomber dans l'excès du narcissisme ou de la victimisation. Être capable de reconnaître, aussi mince soit-elle, sa participation à ses succès et d'attribuer, en partie à tout le moins, ses échecs à des éléments externes aide assurément un individu à se sentir plus confiant.

+ L'erreur attributionnelle fondamentale

Cette tendance, bien connue dans les théories des attributions, consiste à surestimer l'importance des facteurs internes et à sous-évaluer celle des facteurs externes dans le comportement d'un individu. Autrement dit, un témoin tend à rendre responsable une personne de son action, indépendamment des éléments situationnels.

Dans une étude classique[16], des participants et participantes étaient informés qu'un auteur, dont ils devaient déterminer la réelle attitude envers Fidel Castro, avait été contraint d'écrire un argumentaire dicté par un tiers, qui ne reflétait donc pas nécessairement ses pensées. Les résultats révélèrent que les participants et participantes avaient cru que l'essai traduisait authentiquement l'opinion de cet individu, en dépit du fait qu'il n'avait pu écrire ce qu'il voulait.

Il apparaît donc que, dans leur interprétation des succès comme des échecs, les gens ont beaucoup plus tendance à responsabiliser la personne en cause qu'ils ne le feraient s'ils étaient à sa place.

---

16. E. E. Jones et V. A. Harris (1967). « The Attribution of Attitudes », *Journal of Experimental Social Psychology*, vol. 3, n° 1, p. 1-24.

Mon succès, ton échec

Avez-vous tendance à associer les sources de vos succès à des facteurs internes (traits de personnalité, aptitudes, compétences, etc.) ou à des facteurs externes (situation, entourage, contexte, etc.)? Qu'en est-il de vos échecs? Auriez-vous avantage à revoir vos attributions?

Se comparer

Apprendre à accepter ses limites, défauts, torts et travers est le travail d'une vie. Qui plus est, l'importance relative de ces attributs dans notre évaluation personnelle varie, selon les situations et au cours de notre existence.

Le concept de soi peut être vu comme un résumé de nos perceptions et de nos connaissances de nos propres qualités et caractéristiques; ce n'est pas une vision objective, mais le reflet de la personne que nous croyons être. N'empêche, l'écart entre le soi idéal (celui qu'on souhaiterait être), le soi obligé (celui qu'on croit qu'on devrait être) et le soi réel (celui qu'on croit être) est déterminant dans l'estime personnelle. D'ailleurs, un écart important entre le soi idéal et le soi réel entraîne des sentiments dépressifs, alors qu'une différence significative entre le soi obligé et le soi réel conduira à davantage de stress et d'anxiété.

Se comparer pour se rehausser... ou pas!

La théorie de la comparaison sociale de Festinger[17] stipule qu'un individu tend normalement à évaluer ses habiletés et aptitudes en se comparant à des mesures objectives ou à des standards. Cependant, moins ces derniers sont connus, plus il se base sur des mesures subjectives ou des normes sociales.

Ainsi, une personne en apprendra peu sur elle-même en se comparant à des gens très différents d'elle, mais davantage en utilisant comme point de repère des pairs qui lui ressemblent. Pour apprécier leurs habiletés dans une activité précise, la plupart des gens tendent d'ailleurs à se comparer à des personnes du même sexe.

Cela étant, il arrive quelquefois qu'une personne n'ait d'autre choix que de se comparer aux autres disponibles ou présentes dans son environnement. Une étude de Morse et Gergen[18] a démontré ce qui peut arriver dans une telle situation: à l'occasion de cette recherche, des étudiants et étudiantes se présentaient dans un laboratoire, croyant postuler pour un emploi d'été. À leur arrivée, on leur demandait de répondre à des questionnaires, dont l'un portait sur l'estime de soi. Ensuite, selon la situation, une ou un complice mal vêtu, qui paraissait malpropre, ou encore une ou un complice vêtu d'un complet, mallette à la main, à l'allure professionnelle, venait poser sa candidature aussi. Les étudiants et étudiantes qui n'avaient d'autre choix que de se comparer à la personne bien mise ont montré une baisse d'estime de soi, alors que ceux et celles faisant face à celle mal vêtue ont connu une hausse de leur estime.

---

17. L. Festinger (1954). « Théorie des processus de comparaison sociale », C. Faucheux et S. Moscovici, dir. *Psychologie sociale théorique et expérimentale*, Paris, École des hautes études en sciences sociales/Mouton, 1971, p. 76-104.
18. S. Morse et K. J. Gergen (1970). « Social Comparison, Self-Consistency, and the Concept of Self », *Journal of Personality and Social Psychology*, vol. 16, nº 1, p. 148-156.

Normalement, lorsqu'un individu est motivé à obtenir une évaluation objective de lui-même, il tend à se comparer à des personnes équivalentes sous un aspect donné. Si sa motivation est de s'améliorer, il tend à se mesurer à des gens légèrement meilleurs que lui. Se comparer à quelqu'un qui possède des aptitudes ou habiletés nettement supérieures peut être, à l'inverse, un facteur de dévalorisation. Enfin, en se comparant à des personnes moins bonnes que lui dans un domaine donné, l'individu dont l'estime serait menacée peut contrecarrer ses impressions et se considérer comme moins incompétent, finalement.

Pour s'améliorer en course à pied, Josiane se compare à ses copines, qui en font depuis plusieurs années, mais évite de se confronter à leur entraîneur, un ultramarathonien chevronné. Quand vient le temps cependant de mesurer ses aptitudes au travail, elle préfère se comparer à sa collègue qui, de toute évidence, n'est pas très motivée.

Voilà donc une autre belle démonstration de l'importance des perceptions dans la création de ressources personnelles ; à défaut de pouvoir s'améliorer, il suffit de se comparer à moins habile ou talentueux que soi 😉!

Moi et les autres

Pensez à votre soi réel, à votre soi idéal et à votre soi obligé. Les écarts entre ces conceptions sont-ils très importants ? Quels sentiments entraînent-ils pour vous ?

Réfléchissez par ailleurs aux personnes qui vous entourent dans diverses sphères de votre vie : famille, travail, sports, loisirs, etc. Avez-vous la possibilité de vous comparer à des personnes égales, ou encore légèrement supérieures ou inférieures à vous sur certains plans ?

Apprendre à se connaître

Le concept de soi, comme nous l'avons vu précédemment, n'est pas une vision objective de l'individu, mais plutôt le reflet de ce qu'il croit être. Les perceptions subjectives qu'il cumule à son propre sujet, au fil du temps et des expériences qu'il vit, sont regroupées et classées dans des schémas cognitifs. Ces derniers servent en quelque sorte de classeurs, dans lesquels des données peuvent être rangées ou dont elles peuvent être extirpées, au besoin.

Le volume du classeur varie en fonction de l'expertise de la personne dans un domaine particulier. Ainsi, alors qu'un élève de première année a bien peu d'informations à son propre sujet dans son dossier « étudiant », une bachelière devrait en posséder une bonne quantité.

Plus les dossiers d'un individu sont complexes, détaillés et divers, mieux ils le protégeront contre les événements menaçants. Le principe de *mettre tous ses œufs dans le même panier* s'applique ici. Si une personne se perçoit comme incompétente dans une situation, par exemple, mais qu'elle a accès à plusieurs autres images d'elle-même qui ne correspondent pas à cette dernière, elle risque moins d'en être affectée. De la même façon, un individu dont les expériences seraient très limitées pourra injustement généraliser en se basant sur un nombre restreint de données.

Des interactions variées avec une multitude de gens ainsi que des expériences différentes dans une panoplie de situations renseigneront donc l'individu sur la personne qu'il est. Cette connaissance de lui-même lui permettra aussi d'augmenter sa résistance à l'adversité, notamment en le rendant critique envers les rétroactions négatives provenant de son environnement.

Xavier entend bien les injures de son locataire, qui le traite d'avare, mais n'est pas pour autant perturbé; il se sait au contraire généreux.

Savoir qui on est

Vos expériences de vie ont-elles été ou sont-elles suffisamment diverses pour vous renseigner à votre propre sujet? Avez-vous établi des schémas complexes et variés pour refléter vos aptitudes, compétences, traits de personnalité, etc.? Qu'auriez-vous envie de vivre, pour vous découvrir davantage?

Accepter les compliments

Les compliments ont le pouvoir de faire vivre des émotions intenses et sont souvent rejetés par les individus qui manquent de confiance, essentiellement pour trois raisons:

- Ils perçoivent le compliment comme une forme de chantage ou de manipulation et ne veulent pas s'en sentir redevables. Ces mêmes personnes peuvent cependant répondre, à une blague qui insinuerait une critique, qu'il y a toujours une part de vérité dans les propos de quelqu'un...
- Le compliment reçu ne correspond pas à l'image d'eux-mêmes qu'ils entretiennent; la tension ainsi générée est trop difficile à supporter.
- Ils n'aiment pas être «vus» et ont l'impression d'être alors placés sous les projecteurs.

Accepter et assimiler les compliments, qui traduisent en fait ce que les autres pensent à son sujet, aide pourtant l'individu à comprendre qui il est, à adopter une vision positive de lui et, ultimement, à rehausser son estime.

> *Ariane (☺) rencontre au Salon du livre un lecteur qui lui rapporte qu'il n'apprécie pas du tout son style d'écriture, trop familier à son avis. Elle est cependant capable de ne pas se laisser envahir par ce commentaire négatif, s'appuyant sur les compliments qu'elle a reçus d'autres gens.*

Plusieurs personnes complimentées auront comme réflexe de banaliser la rétroaction. *Tu as fait un bon travail! – Merci, mais ce n'est vraiment rien...* ou *C'est beau, ce que tu portes aujourd'hui. – Ah, mais c'est vieux, ces vêtements-là!* sont des types d'échanges régulièrement entendus, n'est-ce pas?

Prêter attention aux émotions générées par un éloge est la première étape à franchir avant de tenter de répondre poliment et d'accepter le compliment. À force d'accoler à ses perceptions des petits «*bravo*» ou «*félicitations*», on ne peut que développer son estime personnelle.

Dire merci, tout simplement

Avez-vous tendance à décliner les compliments? Lorsque cela se produit, mettez-vous au défi de ne rien répondre et d'être à l'écoute de ce qui se passe en vous. Quelles sont vos sensations, vos émotions, vos pensées? Essayez d'identifier ce qui vous dérange et cherchez, graduellement, à accepter les compliments. Préparez des répliques que vous pourrez utiliser à toutes les sauces. Un simple *merci*, un *c'est très gentil* ou un *c'est une belle attention de me dire cela, ça me touche* vous permettra de réagir rapidement et vous laissera moins de chances de prononcer *bien voyons, ce n'est rien...*

Je vais m'en fabriquer !

LES RESSOURCES PERSONNELLES INSTABLES

Les ressources personnelles instables englobent l'hygiène de vie (élément souvent négligé dans l'analyse de la condition d'une personne, tant par les spécialistes que par elle-même), la disponibilité psychologique, les circonstances particulières, etc. Si certaines ne peuvent être modifiées ni contrôlées, plusieurs peuvent néanmoins être influencées par l'individu et contribuer à garder son bateau à flot.

BIEN SE REPOSER : LE SOMMEIL

Il existe un lien scientifiquement établi entre la privation de sommeil et l'hyperréactivité émotionnelle. Cette corrélation accroît les symptômes anxieux, en augmentant de manière considérable l'activité d'anticipation dans le cerveau. De ce fait, les scénarios catastrophe sont multipliés et causent des réactions émotives plus importantes. Sans compter que le manque de sommeil diminue parallèlement la capacité à porter un jugement critique et, par conséquent, à recadrer ses propres pensées et à se raisonner soi-même. Un sommeil de bonne qualité, d'une durée adéquate, est donc essentiel pour faire face au stress et à l'anxiété.

BIEN SE NOURRIR : L'ALIMENTATION

Certains aliments entraînent une activation physiologique comparable à celle observée en situation de stress ou d'anxiété. C'est le cas notamment de la caféine et du sucre, qui sont des stimulants pour le cerveau et l'organisme. En haussant le rythme métabolique, ils occasionnent des réactions (rythme cardiaque accéléré, augmentation de la température du corps et de la transpiration, tremblements) pouvant paraître d'origine psychologique à l'individu en question.

RÉCIT DE PSY

Anxieux pour cause de caféine

Jacob a toujours eu, à son avis, un tempérament nerveux, mais l'anxiété paralysante qu'il vivait lorsque je l'ai vu pour la première fois n'était présente que depuis quelques semaines. Il étudiait au cégep en sciences de la nature et tentait, dans la mesure du possible, de passer inaperçu au sein du groupe étudiant. Un événement très difficile à gérer pour lui a été lorsqu'il s'est présenté à l'avant de la classe pour faire une présentation orale et est resté paralysé, littéralement, jusqu'à ce que le professeur lui suggère de retourner s'asseoir.

En revenant sur l'incident et en faisant l'autopsie des signes et sensations survenus dans l'heure qui avait précédé le moment fatidique, Jacob m'a révélé s'être senti fébrile et avoir perçu un tremblement dans tout son corps. Il a aussi avoué candidement avoir bu deux grosses canettes (soit près de 970 millilitres) de boisson énergisante pendant son lunch, parce qu'il était fatigué et craignait de manquer de vivacité durant sa présentation.

Les tremblements qu'il a initialement ressentis pouvaient être liés à son anxiété, mais pouvaient tout aussi bien résulter d'une surdose de caféine. Le jeune a cependant interprété ces symptômes comme des indicateurs de nervosité, ce qui a augmenté son anxiété et conduit à ce qu'il appelait *l'humiliation suprême*.

Évidemment, parmi toutes les stratégies mises en place pour aider Jacob à surmonter son anxiété, l'évitement de la caféine a occupé une place de choix. Depuis ce moment, il s'asperge le visage d'eau froide lorsqu'il veut se tenir éveillé...

Les carences alimentaires ont aussi un lien avec différents troubles de l'humeur. À titre d'exemple, un manque de vitamine B_6 a une incidence marquée sur la dépression, alors qu'un manque d'acides aminés peut augmenter le risque de réactions de panique.

Parallèlement, certains aliments « antistress » semblent acquérir une notoriété grandissante, mais leurs effets précis sur le niveau d'anxiété ressentie sont encore à démontrer. Le chocolat noir (oh que oui !), le saumon, les noix, les myrtilles, les flocons d'avoine, le lait et plusieurs fruits et légumes, pour ne nommer que ceux-là, auraient des répercussions positives, que ce soit en diminuant le taux de cortisol (hormone de stress) dans le sang, en renforçant le système immunitaire ou en augmentant la production de sérotonine (hormone de bien-être).

Les régimes draconiens occasionnent également un grand stress pour le corps, sans compter le moral... Mieux vaut donc mettre la pédale douce et adopter tranquillement de bonnes habitudes alimentaires.

ÊTRE EN PLEINE FORME : L'EXERCICE

Les avantages de l'activité physique sont reconnus, dans la documentation scientifique, tant sur le plan physiologique que du point de vue psychologique. Des études démontrent qu'elle est associée à une importante réduction des états dépressifs et anxieux, dans la population générale comme chez des individus ayant reçu des diagnostics officiels. Elle est d'ailleurs en voie d'être considérée comme une intervention thérapeutique possédant un réel potentiel curatif, au même titre que les diverses approches psychothérapeutiques et pharmacologiques.

L'exercice physique engendre des répercussions sur le plan physiologique, en augmentant la sécrétion naturelle des hormones du bonheur (sérotonine, dopamine et endorphines) et en diminuant la sécrétion du cortisol (hormone de stress).

Sur le plan psychologique, le plaisir et la satisfaction ressentis lors de l'activité sont sources de bénéfices non négligeables. Une balade dans le bois procure par exemple une sensation d'air frais qui entre dans les poumons, des odeurs et des couleurs magnifiques, un contact avec la nature, etc. Évidemment, ces bénéfices ne seront retirés que si l'activité est, pour l'individu, essentiellement plaisante.

RÉCIT DE PSY

Les hormones du bonheur sous la chaleur

Pour me garder en santé et me libérer de mon stress, je m'adonne à la course à pied. Loin d'être une athlète, j'apprécie néanmoins ce petit moment de solitude où, musique dans les oreilles, je n'ai qu'à me concentrer sur le paysage pendant que le mouvement de mes pieds se fait machinalement. J'en tire d'ailleurs de grands bénéfices pendant et après ; à croire que mon cerveau me fait cadeau d'une bonne dose de sérotonine, de dopamine et d'endorphines.

Or, l'effet de ces hormones du bonheur est complètement contrecarré, dans mon cas, par la chaleur. Lorsque le thermomètre monte en flèche et que, à cause de « je dois » bien ancrés, j'enfile malgré tout mes souliers, je ne trouve aucun plaisir dans mes sorties. J'injurie le soleil dans ma tête, compte les pas qu'il me reste à faire avant mon arrivée, bougonne tout au long de ma course et reviens souvent moins relaxée qu'en quittant la maison. Il me faudrait peut-être avoir la sagesse de changer d'activité, lors de ces chaudes journées d'été...

SE DÉTENDRE : LES ACTIVITÉS DE RELAXATION

La détente ne se limite pas aux images classiques (et stéréotypées !) de la femme étendue dans un bain plein de mousse, des concombres sur les paupières, ou de l'homme assis sur son divan, les jambes allongées et la bière à la main. Relaxer peut se faire de différentes manières, par des activités qui plongent l'individu dans cet état spontanément ou de façon très dirigée.

Lorsque le stress ou l'anxiété pointent le nez, la tension interne désagréable peut être diminuée grâce à des stratégies de relaxation. Sans que ce soit une liste exhaustive, en voici quelques-unes :

Les approches corporelles

- **La respiration profonde ou abdominale.** Plusieurs applications maintenant offertes guident la personne qui choisit cette méthode de relaxation, ou même lui rappellent périodiquement de s'oxygéner. C'est le cas notamment de RespiRelax, qui guide la respiration en offrant un support visuel (une bille qui monte et descend dans un cylindre, aidant la personne à garder le rythme alors qu'elle inspire et expire) ou encore d'Exercices de Respiration Relax, qui quant à elle enseigne quatre formes de respiration.

Dans sa forme la plus simple, la respiration profonde consiste à se placer dans une position confortable, en relâchant les épaules et les muscles du visage, puis en fermant les yeux. On inspire doucement par le nez, en gonflant d'abord le bas du ventre, puis en remontant tranquillement, jusqu'à ce que l'air pousse sur les clavicules. Après qu'on a retenu son souffle trois secondes, l'expiration (par le nez toujours) commence encore par le ventre, jusqu'à ce qu'il ne reste plus d'air dans les poumons.

Certaines personnes se sentent incapables de se mettre sur pause, même de façon temporaire, pour prendre ainsi de profondes inspirations. Des activités cardiovasculaires ou qui favoriseront une grande oxygénation peuvent aussi être bénéfiques : courir, nager, danser, chanter, hurler sous la lune 😉, etc.

- **La relaxation dirigée.** Il peut s'agir de contraction musculaire (technique qui consiste à tendre intentionnellement tous les muscles de son corps, à tenir quelques secondes et à les relâcher), de la relaxation de Jacobson, de taï-chi, ou de toute activité qui vise ultimement à détendre le corps
- **Les activités sportives.** Le yoga, la marche, la course à pied, le golf (eh oui, mon chéri !), l'escalade, l'escrime... enfin, tous les sports ont un potentiel relaxant.

Les approches cognitives

- **La pleine conscience.** Cette technique a comme visée non pas de modifier les pensées dysfonctionnelles associées à des émotions intenses, mais plutôt d'influencer le rapport qu'entretient l'individu avec celles-ci. L'attention est portée sur l'instant présent, pour permettre à la personne d'observer les sensations ou pensées tandis qu'elles apparaissent puis disparaissent, sans filtre – en les acceptant –, sans jugement – ce n'est pas bien ou mal – et sans attentes – sans but précis.

- **La visualisation.** Utilisée par plusieurs athlètes, cette stratégie est basée sur le principe que l'imagerie mentale active, dans le cerveau, des zones qui seront réactivées lors de la situation réelle. Visualiser une situation agréable peut donc déclencher à peu près les mêmes effets physiologiques que la vivre. Attention cependant, l'inverse est aussi vrai ; s'imaginer le pire peut entraîner les mêmes réactions physiques que de l'expérimenter.
- **La méditation.** Cette technique consiste à se concentrer sur un son, un mot (mantra) ou un objet et sur sa respiration, pendant une période plus ou moins longue.

+ Méditer au primaire

Il y a quelques années, la méditation a fait son entrée dans les écoles primaires du Canada, des États-Unis et de certains pays d'Europe, entre autres. Les données scientifiques en démontrant les bienfaits sont encore rares, mais on note néanmoins une réduction des incivilités en classe, une meilleure concentration des élèves ainsi qu'un niveau de satisfaction plus élevé. Certaines personnes prétendent également que partager ce type d'activité en groupe augmenterait la cohésion entre les enfants. Rien pour décourager cette pratique, finalement !

- **L'humour.** Comme nous le verrons dans le chapitre suivant, l'acte de rire entraîne des bénéfices importants, tant pour la santé psychologique que pour la santé mentale, et permet inévitablement un relâchement des tensions. Faire provision de bonnes blagues à raconter en temps de stress ou d'anxiété est une agréable stratégie à privilégier !

Je vais m'en fabriquer !

LES RESSOURCES AUTRES

L'ARGENT OU LA DISPONIBILITÉ DU MATÉRIEL

Qui ne manque jamais d'argent ? Il serait en fait plus juste de demander plutôt : qui ne voudrait pas en avoir plus ? Il convient cependant de distinguer le fait de manquer d'argent pour répondre à ses besoins de base – ce qui peut évidemment engendrer beaucoup de stress et d'anxiété – de celui d'en espérer davantage pour se procurer cette huitième paire de souliers ou ce petit bijou à moteur tant convoité… De la même façon, l'impossibilité de recevoir des vaccins essentiels et la rupture de stock du dernier iPad n'entraînent pas une réaction aussi intense.

Bien entendu, il est possible d'apprendre à mieux gérer son budget, à restreindre ses dépenses ou à prioriser ses achats. Cela étant, lorsque l'argent ou la disponibilité du matériel sont sources de grands tourments, les stratégies à déployer relèvent plutôt de la gestion de problème. Il s'agit de :

- **Cerner les difficultés.** Pour résoudre adroitement un problème, encore faut-il déterminer correctement les enjeux qui y sont liés. La première étape consiste donc à analyser les causes de la situation.

- **S'arrêter.** Se retenir, autrement dit, d'agir de façon impulsive.
- **Penser.** Imaginer toutes les solutions possibles.
- **Évaluer.** Dresser la liste des avantages et inconvénients de chaque solution et choisir la meilleure, en tenant compte de son efficacité (*cette solution va-t-elle vraiment résoudre le problème ?*), de son équité (*cette solution est-elle juste pour tous et toutes ?*) et de ses répercussions (*cette solution va-t-elle entraîner des répercussions agréables ou désagréables pour les autres et pour moi ?*).
- **Appliquer.** La stratégie choisie demandera certainement un engagement, des ressources et des actions. C'est donc l'étape du « passage à l'acte ».
- **Recommencer.** On ne passe évidemment par cette dernière étape que lorsque la stratégie employée s'avère inefficace, malgré toutes les réflexions et précautions mises en œuvre.

LES RESSOURCES HUMAINES

Le soutien social, nous en avons précédemment discuté, réfère à la perception qu'a une personne du soutien émotionnel offert par ses proches. C'est son impression subjective que ses besoins personnels, soit d'être soutenue, appuyée et encouragée au quotidien aussi bien que lors de crises importantes, sont comblés par son réseau. L'évaluation du soutien reçu (*sur qui puis-je compter ?*) et de sa qualité (*cette aide me semble-t-elle efficace ?*) peut varier, selon la personnalité de l'individu. Ces deux éléments demeurent néanmoins associés, dans la littérature scientifique, à moins de dépression et d'anxiété, en comparaison d'une absence totale de soutien.

La famille, les conjoints et conjointes, les amis et amies, les collègues, les coéquipiers, coéquipières et d'autres personnes encore ont donc le pouvoir d'alléger le stress et l'anxiété. En détournant l'attention de l'individu de ses pensées négatives, en l'invitant à prendre part à des activités relaxantes, en l'aidant à voir les choses selon une autre perspective, en lui permettant de se libérer de ses émotions, en lui offrant de l'aide et des conseils lors de situations problématiques ou en étant simplement présents, physiquement ou psychologiquement, ils et elles sont incontestablement utiles à son équilibre mental.

Chercher à s'entourer, à voir des gens, à entrer en contact avec eux, à parler et à cultiver ses relations est par conséquent une excellente stratégie pour contrer le stress et l'anxiété.

+ Mon animal me soutient

Dans les dernières années, des résultats comparables à ceux des recherches portant sur le soutien social classique ont été obtenus par une majorité des études qui se sont penchées sur les bénéfices que retirent les humains de leur relation avec les animaux domestiques. Ma recherche doctorale visait à déterminer les effets de ces petites bêtes sur la santé psychologique de leurs propriétaires.

Trois cent quatre-vingt-cinq individus âgés de 45 à 64 ans habitant l'île de Montréal et ses banlieues, propriétaires de chiens et/ou de chats ou sans animaux, ont participé à l'étude.

Celle-ci a démontré que l'animal domestique a une influence sur la santé psychologique des individus insatisfaits de leurs relations sociales, dans la mesure où un lien d'attachement existe entre leur animal et eux. En somme, le simple fait d'être propriétaire d'un animal ne suffit pas pour tirer profit de la relation avec lui ; un lien d'attachement est nécessaire. De plus, il apparaît que c'est lorsque le soutien social reçu par l'individu est perçu comme insuffisant ou insatisfaisant que l'animal domestique a l'effet le plus positif. Enfin, une relation directe et positive entre l'attachement pour l'animal et le besoin de prendre soin de quelqu'un a été établie. Ainsi, plus un individu ressentirait le besoin de s'occuper d'un tiers, plus il tendrait à éprouver de l'attachement pour son animal.

S'appuyer sur des personnes professionnelles, expertes, ou encore des mentors ou mentores est aussi très aidant. Que ce soit dans son travail ou dans sa vie personnelle, devoir résoudre soi-même des problèmes jamais rencontrés auparavant ou avoir l'impression d'être un fardeau, en raison de son inexpérience, sont des situations et sentiments qui contribuent au stress et à l'anxiété. À l'inverse, se référer à une personne de confiance qui possède les connaissances requises ou qui peut agir à titre de modèle les diminue considérablement.

Alexandre trouve son réfrigérateur brisé, à son arrivée à la maison. Son frère qui l'accompagne, podiatre de profession, lui offre de l'aider à le réparer, mais Alexandre ne se sent pas moins stressé. Lorsqu'il parvient cependant à avoir au bout du fil son cousin, qui travaille pour la compagnie Frigidaire depuis plusieurs années, l'apaisement se fait sentir instantanément.

Les personnes professionnelles, expertes, ou les mentores et mentors peuvent également partager des connaissances inédites, découlant par exemple de leur expérience, auxquelles l'individu anxieux n'aurait pas accès autrement.

Jérémie est nouvellement employé dans une firme d'avocats. Il connaît bien les enjeux liés au premier dossier qui lui est confié et sait, légalement parlant, comment conseiller son client. Mais c'est grâce à son mentor, un homme possédant plusieurs années d'expérience, qu'il trouve le ton juste pour lui présenter les éléments pertinents.

✚ Il faut être pro pour s'exposer

L'aide d'une ou d'un professionnel peut parfois être requise pour gérer le stress et l'anxiété. L'exposition graduelle, prolongée et répétée, qui constitue une technique difficile, est d'ailleurs plus garante de résultats lorsque soutenue par un plan d'exposition élaboré à l'aide d'une ou d'un spécialiste.

Ce traitement, largement utilisé en thérapie cognitivocomportementale, consiste à briser le cercle vicieux évitement - soulagement - plus d'évitement - augmentation de l'anxiété. La personne est amenée à s'exposer à l'objet de ses craintes, par étapes, ce qui entraîne une désensibilisation par habituation et diminue donc l'anxiété, au point de la faire disparaître.

Se soumettre à ce type d'exercice à l'aveugle peut avoir des effets opposés et détériorer l'état de la personne anxieuse. Parallèlement, puisqu'une certaine souffrance est ressentie à travers le processus d'habituation, le lien établi entre l'individu et son ou sa thérapeute peut aussi aider le premier à traverser l'épreuve.

Ici se terminent donc les chapitres portant sur les ressources, ainsi que les exercices de réflexion. Le prochain traite du stress et de l'anxiété ayant atteint des niveaux plus élevés, allant parfois jusqu'à entraîner des ruptures de fonctionnement, soit des troubles psychologiques. Les deux derniers aborderont quant à eux la résilience et la croissance post-traumatique, celles-ci étant les issues souhaitées lorsque, malgré toutes les énergies déployées, notre bateau a bel et bien été submergé.

Quand le navire est submergé

LES TROUBLES ASSOCIÉS AU STRESS ET À L'ANXIÉTÉ

Il arrive qu'en dépit de toute l'énergie déployée pour prévenir ou évacuer le stress et l'anxiété, les symptômes et manifestations vécus par l'individu entraînent un dérangement du fonctionnement quotidien. Un trouble s'est alors temporairement installé.

La prochaine section décrit brièvement les troubles anxieux ainsi que ceux liés au traumatisme et aux stresseurs, tels qu'ils sont reconnus par la cinquième édition du *Manuel diagnostique et statistique des troubles mentaux* de l'Association américaine de psychiatrie (*DSM-5*). À ces derniers s'ajoute également le trouble obsessionnel-compulsif (TOC)[19].

La visée de ce chapitre n'est assurément pas de favoriser l'autodiagnostic, mais plutôt de fournir un aperçu des

---

19. Le TOC était classé, dans le *DSM-IV*, avec les troubles anxieux. Dans le *DSM-5*, il est intégré à la catégorie des « Troubles obsessionnels-compulsifs et apparentés ».

différentes formes que peuvent revêtir le stress ou l'anxiété pathologiques. À titre indicatif, la prévalence (nombre de cas répertoriés dans la population générale par tranche de douze mois consécutifs) de chaque trouble est aussi rapportée.

BRÈVES DÉFINITIONS DE TROUBLES ANXIEUX

Anxiété de séparation

Peur ou anxiété excessive à l'idée de se séparer d'une personne pour qui on ressent un fort attachement.

Flavie insiste pour que son conjoint et elle fassent toutes leurs activités ensemble, incluant les tâches ménagères et les courses. Elle parvient à se séparer de lui pour le travail, mais a beaucoup de mal autrement à tolérer son absence. Dès qu'il prend part à une sortie sans elle, elle s'imagine le pire et craint de ne plus le revoir.

Essentiellement, l'individu :

- vit une détresse lors d'une séparation courte et temporaire d'avec la figure d'attachement ;
- redoute et craint les séparations quotidiennes ;
- est préoccupé par la crainte que quelque chose de grave (décès, accident, maladie, etc.) puisse arriver à sa figure d'attachement et/ou à lui-même ;
- évite les séparations quotidiennes et/ou est incapable de rester seul, sans sa figure d'attachement ;

- fait des cauchemars répétitifs sur le thème de la séparation.

Prévalence chez les adultes variant entre 0,9 % et 1,9 %.

Mutisme sélectif

Incapacité à parler dans des situations sociales précises.

Alors qu'il est une vraie pie à la maison, Lucas devient complètement muet en public. Il évite ainsi toutes les situations où il aurait à parler, comme pour commander au restaurant, expliquer au barbier la coupe de cheveux qu'il désire ou demander des renseignements à propos d'activités de loisir.

Prévalence variant entre 0,03 % et 1 %, tous âges confondus.

Phobie spécifique

Peur ou anxiété extrême en lien avec une situation particulière.

Lorsqu'elle reçoit un vaccin ou subit une prise de sang, Anne-Sophie se sent envahie par la panique et s'évanouit à tous coups.

Les phobies spécifiques se partagent en cinq groupes :

1. sang/piqûre/blessure ;
2. environnement naturel (hauteurs, eau, éclairs, etc.) ;
3. situation précise (dentiste, avion, ascenseur, pont, etc.) ;

4. animaux;
5. autres (vomir, voir des personnages costumés, etc.).

Essentiellement, l'individu:

- évite d'être en contact avec l'objet ou de faire face à la situation;
- montre une peur disproportionnée par rapport au danger qu'il court réellement.

Prévalence chez les adultes variant entre 7 % et 9 %.

Anxiété sociale

Peur ou anxiété accablante dans les situations sociales où il serait possible que les autres vous observent, vous jugent ou vous humilient.

James passe beaucoup de temps à envisager divers scénarios qui pourraient se produire lorsqu'il a à interagir avec l'un de ses patrons; il cherche à anticiper les propos de son interlocuteur et prépare des rétroactions qui lui assureront de projeter une image empreinte d'assurance et de contrôle, afin de ne pas être jugé négativement.

Essentiellement, l'individu:

- se sent sensible aux jugements des autres et préoccupé par ce qu'ils peuvent penser de lui;
- planifie et répète de manière excessive ses échanges et contacts avec les autres, de sorte à prévoir son comportement;

- évite ou traverse difficilement les situations sociales où l'observation, le jugement ou l'humiliation par les autres sont possibles.

Prévalence chez les adultes variant entre 2 % et 7 %.

Trouble panique

Inquiétudes quant à la venue rapide et soudaine d'une attaque de panique – qui consiste en un malaise intense accompagné de symptômes inquiétants – ou à ses conséquences.

Mia s'est sentie très mal lors d'un trajet sur l'autoroute. Plongée dans la noirceur de la soirée, elle avait l'impression que sa vue était embrouillée, sentait son cœur battre à tout rompre, avait le souffle court et craignait de faire une crise cardiaque. Depuis, elle n'emprunte que les routes secondaires, même si ses parcours sont beaucoup plus longs, puisqu'elle appréhende de conduire de nouveau sur la voie rapide.

Essentiellement, l'individu :

- craint ou s'inquiète de vivre d'autres attaques de panique et leurs conséquences ;
- fait des changements inadaptés dans son quotidien pour éviter la survenue d'attaques de panique.

Prévalence chez les adultes variant entre 2 % et 3 %.

Agoraphobie

Peur de se retrouver dans une situation dont il serait difficile de s'échapper si les choses tournaient mal.

Arthur sent sa poitrine oppressée lorsqu'il se retrouve au milieu d'une foule. Pour ne pas éprouver cet inconfort, il se tient loin de toutes les situations où plusieurs personnes sont (ou pourraient être) réunies. Terminés donc pour lui les parcs d'attractions, les centres commerciaux, les magasins à grande surface, les spectacles, le cinéma, les hôtels, les transports en commun, les musées, les fêtes de famille, et bien d'autres activités encore.

Ce type de trouble anxieux se divise en cinq groupes:

1. les transports en commun;
2. les endroits ouverts (ponts, stationnements, etc.);
3. les endroits clos ou restreints (magasins, cinémas, salles de spectacle, etc.);
4. les endroits publics (file d'attente, foule, etc.);
5. l'extérieur du domicile.

Essentiellement, l'individu:

- redoute l'apparition de symptômes handicapants, embarrassants, ou de crises de panique, de crainte qu'il ne lui soit difficile de s'échapper ou de trouver du secours dans de telles circonstances;
- évite ces situations ou cherche à être accompagné, sans quoi l'anxiété serait trop intense.

Prévalence chez les adultes de 1,7 %.

Anxiété généralisée

Inquiétudes, appréhensions ou soucis excessifs concernant plusieurs sphères de la vie (travail, famille, argent, santé, performances sportives, etc.).

Tout semble présenter un potentiel de préoccupation pour Louise; l'argent, sa santé et celle de ses proches, l'environnement, son plan de retraite et même ses activités de loisir sont souvent sources d'inquiétudes irrationnelles qu'elle ne parvient pas à calmer.

Essentiellement, l'individu:

- est incapable de contrôler ses préoccupations.
- manifeste plusieurs signes de détresse, des symptômes émotionnels et physiques (il se sent agité, fatigué, peu concentré, irritable, tendu, etc.).

Prévalence chez les adultes de 2,9 %.

Trouble obsessionnel-compulsif

Pensées récurrentes s'imposant à l'esprit et provoquant une certaine détresse (obsession), suivies d'actes répétitifs et rigides commis impérativement (compulsions).

Liam a adopté la croyance saugrenue qu'il peut « perdre » son intelligence, sauf s'il pense à une personne très brillante régulièrement. Il est incapable de mener à terme ses routines dans des délais raisonnables, puisqu'il s'arrête à tous moments, cherchant en pensée une personne reconnue pour ses grandes capacités de raisonnement.

- Les types d'obsessions sont partagés en différentes catégories, notamment la peur de faire du mal, la peur de la contamination ou les rigidités liées à la symétrie ou à l'ordre.

- Les types de compulsions, dont le but est de réduire l'anxiété, comprennent la pratique de rituels, la vérification constante, la rassurance et la correction des pensées.

Essentiellement, l'individu :

- adopte certains comportements ou fait des efforts pour éliminer les pensées intrusives ;
- accorde un temps considérable à ces pensées et aux compulsions dans la journée.

Prévalence chez les adultes variant de 1,1 % à 1,8 %.

Trouble de stress post-traumatique (TSPT)

Anxiété découlant d'une exposition directe (si on en a été témoin ou victime) ou indirecte (si on se l'est fait raconter) à un événement ayant causé la mort d'autrui ou des blessures graves, ou ayant tout au moins présenté un risque certain pour la vie ou l'intégrité physique.

Depuis qu'elle a été témoin d'un accident impliquant une voiture et un cycliste, Livia sent l'anxiété monter en elle dès qu'elle entend un bruit de freins, et a l'impression de revivre la scène fréquemment. Elle est aussi très irritable, a du mal à trouver le sommeil et fait des cauchemars.

Essentiellement, l'individu :

- est aux prises avec des souvenirs involontaires ou des rêves répétitifs associés à l'événement ;
- compose avec des reviviscences (*flashbacks*) de l'événement ;

- sent de la détresse de manière intense et prolongée lorsque exposé à des stimuli externes pouvant s'apparenter à ceux de l'événement ;
- fait des efforts pour éviter les souvenirs, sentiments ou pensées liés à l'événement ;
- manifeste des changements ou une perturbation de l'humeur, de la cognition, de l'éveil et/ou de la réactivité.

Prévalence chez les adultes variant de 1 % à 8,7 %.

Trouble de l'adaptation

Symptômes émotionnels ou comportementaux survenant en raison de facteurs de stress.

> *Logan se sent complètement désorganisé au travail, a l'impression de manquer d'énergie et ne parvient pas à trouver du plaisir dans ses tâches. La situation s'est véritablement envenimée depuis qu'il remplace sa collègue, partie en congé de maternité. Son humeur morose et son anxiété s'apaisent la fin de semaine, mais le reprennent de plus belle dès qu'il songe à son emploi.*

Essentiellement, l'individu :

- vit une détresse disproportionnée par rapport aux facteurs de stress ;
- présente une altération de son fonctionnement dans certains domaines importants de sa vie.

Prévalence chez les adultes variant de 5 % à 50 %.

Les troubles anxieux sont très répandus dans la population générale (si on les compare avec d'autres types de problèmes de santé mentale). Il est donc probable que vous viviez, à un moment de votre vie, des difficultés que vous ne parviendrez pas à surmonter grâce aux stratégies ou moyens que vous aurez appris et appliqués. Si tel est le cas, n'hésitez surtout pas à consulter un ou une spécialiste pour vous faire aider. À cet effet, vous pouvez d'ailleurs visiter le site de l'Ordre des psychologues du Québec (ordrepsy.qc.ca) pour obtenir des recommandations dans votre secteur.

Sortir l'eau du bateau

LA RÉSILIENCE

La résilience est déterminante pour la faculté d'un individu de traverser une période difficile et de s'adapter à des circonstances qui pourraient en dépasser d'autres. Autrement dit, elle constitue la capacité à se relever après un coup dur. De deux personnes affrontant le même stresseur, celle qui est la plus en mesure de se ressaisir après le choc est la plus résiliente.

Comment faire face à ce qui peut parfois sembler insurmontable ? Malheureusement, un individu sur deux vivra, au cours de sa vie, un événement traumatique qui bouleversera son équilibre mental et qui exigera probablement une adaptation quelconque de sa part[20]. Encore faut-il cependant comprendre qu'il ne s'agit pas exclusivement de situations pleines de rebondissements qui pourraient être adaptées au cinéma et tirer une larme au plus bourru des hommes. Chacune à sa manière,

---

20. TEDx Talks (2017, 14 août). « La résilience, le pouvoir de rebondir plus haut après une épreuve. | Caroline Codsi | TEDxAsfi », YouTube, [Fichier vidéo, en ligne]. [www.youtube.com/watch?v=MieE9C2sdqo] (Consulté le 14 juillet 2020).

des expériences telles qu'un conflit, un deuil, une maladie, un accident, une agression sexuelle/émotionnelle/verbale, une perte d'emploi, une catastrophe naturelle, un conflit armé, une guerre, une pandémie ou autres peuvent susciter de hauts niveaux de stress et d'anxiété.

Selon la théorie de l'adaptation cognitive[21], une personne qui vit une expérience difficile est contrainte à s'adapter de trois manières :

- en redonnant un sens à sa vie ;
- en retrouvant une sensation de contrôle ;
- en augmentant son estime de soi.

D'autres théories (théorie des croyances répandues[22] ; modèle d'assimilation et d'accommodation d'Horowitz[23]) proposent que, face à un événement de vie traumatique, les individus seraient amenés à remettre en question certaines croyances fondamentales innées. Une partie de la détresse serait engendrée par l'incohérence entre ce qui s'est passé et les croyances généralement entretenues, ébranlées par le choc, telles que :

- *Le monde est bienveillant, les êtres humains sont bons et dignes de confiance.*
- *Le monde a un sens et la conséquence de toute action est explicable et contrôlable.*
- *J'ai une valeur et je suis une bonne personne.*

---

21. I. Geninet et A. Marchand (2007). « La recherche de sens à la suite d'un événement traumatique », *Santé mentale au Québec*, vol. 32, n° 2, p. 11-35.
22. *Ibid.*
23. C. Martin-Krumm, C. Tarquinio et S. Joseph (2011). « Psychologie positive et développement/croissance post-traumatique : changements positifs et bénéfices perçus suite aux événements de vie graves », C. Martin-Krumm et C. Tarquinio, dir. *Traité de psychologie positive*, Bruxelles, De Boeck, 811 p.

Bien qu'elle se renforce au fil des expériences génératrices de stress et d'anxiété, la résilience peut néanmoins se développer au quotidien. Le déploiement de certaines stratégies ou attitudes peut heureusement forger la résilience pour préparer l'individu à faire face à l'adversité.

ACCEPTER ET NORMALISER SES ÉMOTIONS

S'obstiner à lutter contre leurs émotions négatives est une erreur que commettent plusieurs personnes, pour se soustraire à la tension qu'elles génèrent. Il n'est toutefois pas forcément nécessaire, ni souhaitable d'ailleurs, de leur montrer la sortie...

> *Gabriel a vécu de l'intimidation au travail. Sa patronne, une femme instable émotionnellement et capable d'une grande arrogance, s'en est prise à lui, sournoisement, pendant plusieurs mois. Même après avoir pris la décision de changer d'emploi, Gabriel se sentait encore tendu. Il refusait cependant de reconnaître que cette situation pouvait l'avoir autant troublé; après tout, il n'avait pas été battu... Après de longues semaines d'insomnie, où son humeur morose prenait de plus en plus de place et où son irritabilité était à son apogée, Gabriel s'est donné le droit de ressentir sa colère et sa déception, et a enfin pu cheminer pour retrouver son équilibre et sa santé.*

- **Le stress et l'anxiété.** Ces émotions sont souvent évaluées négativement, pourtant elles sont essentielles à la survie de l'espèce et visent à protéger l'individu qui les éprouve. Dans une période de crise, il devient important de se rappeler qu'elles sont normales et invitent à la mise en place de stratégies pour se défendre contre la menace, même si elles sont généralement difficiles à supporter.

- **La tristesse ou la morosité.** Les événements qui bousculent le quotidien peuvent également engendrer une baisse de moral. Il semble parfois impossible de garder le cap en période de stress intense ou à la suite d'une mauvaise nouvelle, mais, encore une fois, accueillir l'émotion avec authenticité (*je suis triste; il en est ainsi*) permettra de mieux traverser cette épreuve. Pour ne pas sombrer dans la déprime, gardez à l'esprit que cet état est temporaire et qu'il faut, de temps en temps, s'accroupir pour mieux rebondir.
- **La frustration, la colère ou l'irritabilité.** Vivre de telles émotions dans l'adversité est à la fois sain et normal, ce qui ne les rend cependant pas plus faciles à accepter. Prendre le temps de réfléchir aux pensées qui amènent cet état d'inconfort et envisager ce qui pourrait contribuer à une meilleure adaptation émotionnelle reste la voie à privilégier.

RÉCIT DE PSY

Frustrant, le confinement!

Mélanie s'est retrouvée confinée à la maison avec ses trois ados et son conjoint pendant que le pays combattait la COVID-19. Elle a rapidement remarqué qu'elle était plus fragile émotionnellement; la frustration, le stress et l'irritabilité dominaient tour à tour son quotidien.

La gestion des repas familiaux, les réunions par vidéoconférence, les appels de son patron, la présence de ses ados inertes sur le canapé vingt-quatre heures sur vingt-quatre, les débats enflammés sur le temps d'écran ou l'importance des mesures d'hygiène, le tout combiné à la préoccupation constante d'offrir malgré tout un bon rendement au travail, ont suscité des inquiétudes concernant sa santé mentale.

Après avoir discuté avec des gens du voisinage (à deux mètres de distance, bien sûr) et des amies (par téléphone, rassurez-vous), elle en est arrivée à la conclusion qu'elle n'était pas seule à vivre des émotions en montagnes russes. En acceptant le caractère temporaire de cette situation et la nécessité de s'y plier coûte que coûte, Mélanie a cessé de résister, mieux compris ce qu'elle vivait et choisi ses batailles, en revisitant d'ailleurs ses exigences, pour un moment.

TOLÉRER L'INCERTITUDE

Comme je l'ai expliqué précédemment, certaines expériences de vie hors du commun ou difficiles demandent une capacité à « accepter de ne pas savoir ».

Carmen est dans tous ses états ; son conjoint des quinze dernières années est parti vivre temporairement chez son frère, parce qu'il a besoin, à ses dires, de réfléchir sur leur relation et de se recentrer. Carmen est incapable de tolérer cette remise en question et doit savoir dès maintenant ce que l'avenir lui réserve. Plutôt que d'attendre qu'il lui fasse signe après sa réflexion, elle préfère le quitter sur-le-champ ; au moins, elle pourra tourner la page.

Reconnaître que tout ne peut être planifié ou préparé et savoir s'ajuster en cours de route conduit à une meilleure acceptation des événements. À l'inverse, bousculer les choses pour provoquer des réactions ou adopter des solutions avec précipitation ne fait que susciter des attentes, au risque d'engendrer davantage de stress et d'anxiété ou de déception.

REPRENDRE LE CONTRÔLE À SA FAÇON

Le besoin de contrôle traduit le besoin, souvent inconscient, d'avoir une emprise sur une situation, un contexte ou une personne. Les gens qui croient avoir un bon contrôle de leur vie jouissent d'une meilleure santé mentale[24], en comparaison de ceux qui se perçoivent comme soumis aux aléas de la vie, sans véritable influence sur leur destinée.

Peu importe les démarches qu'Alain entreprend pour se trouver un emploi, rien n'y fait. Ce manque de résultat lui donne l'impression de ne pas contrôler sa vie, ce qui le plonge dans une intense morosité.

Lorsqu'on fait face à un événement de vie imprévisible ou difficile qui engendre un sentiment de perte de contrôle, se concentrer sur les choses qui peuvent encore être sous son influence ou s'engager dans des activités qu'on a soi-même choisies sont de bonnes stratégies à adopter.

+ Santé mentale et contrôle

Une équipe de l'Université Concordia[25] a démontré, à travers une expérience fort intéressante, que les personnes convaincues qu'elles vont perdre le contrôle d'une situation seraient nettement plus susceptibles de s'imposer des rites de vérification, plus souvent. La peur de cette perte de contrôle aurait donc une incidence sur les comportements particuliers au trouble obsessionnel-compulsif (TOC).

---

24. O. Remes (2017, mars). « How to Cope with Anxiety », TED, [Fichier vidéo, en ligne]. [www.ted.com/talks/olivia_remes_how_to_cope_with_anxiety] (Consulté le 14 juillet 2020).
25. J.-P. Gagné et A. S. Radomsky (2017). « Manipulating Beliefs about Losing Control Causes Checking Behaviour », *Journal of Obsessive-Compulsive and Related Disorders*, vol. 15, p. 34-42.

Des étudiants et étudiantes de premier cycle universitaire ont subi de faux électroencéphalogrammes (EEG). Les faux résultats, attribués au hasard, les renseignaient sur le risque - faible ou élevé - qu'ils et elles perdent le contrôle de leurs pensées ou de leurs actes. Les participants et participantes se sont ensuite vu assigner une tâche sur ordinateur et pouvaient vérifier leur rendement, en appuyant sur la barre d'espacement. Ceux et celles à qui on avait annoncé qu'ils présentaient un risque accru de perdre le contrôle de leurs moyens avaient beaucoup plus tendance à le faire que ceux et celles qui étaient persuadés de présenter un risque faible.

Les peurs et les croyances des gens à propos de la perte du contrôle de soi semblent donc les rendre plus vulnérables à divers problèmes de santé mentale, notamment au TOC, mais également au trouble panique, à la phobie sociale, au syndrome de stress post-traumatique et au trouble d'anxiété généralisée.

Avoir un plan B, dans les situations où cela est possible, peut aussi s'avérer rassurant et procurer une impression de contrôle. Tant mieux si, en fin de compte, ce plan n'a pas à être mis en œuvre (le premier ayant fonctionné), mais le simple fait de préparer une solution de rechange peut réduire le stress relié à l'imprévisibilité.

RÉCIT DE PSY

Des options variées pour moins stresser

Lorsque mon aînée s'est inscrite à sa première session d'université, dans le programme de son choix, elle redoutait un refus et craignait de ne jamais exercer le métier qu'elle désirait. Mon conjoint et moi lui avons fortement suggéré de postuler à plusieurs établissements différents et dans différents programmes. Dans le cas où sa candidature ne serait pas retenue au départ, elle pourrait se tourner vers une deuxième ou même une troisième option.

Le stress et l'anxiété qui la rongeaient lors de la période d'admission ont été, par cette démarche, grandement atténués; en étudiant d'autres possibilités, elle a pris contact avec des gens provenant d'autres programmes ou universités, fait des recherches sur ces derniers, ouvert ses horizons et découvert que ses champs d'intérêt étaient plus étendus que ce qu'elle avait préalablement pensé. Elle se sentait ainsi mieux préparée à se relever d'un refus... qui ne s'est finalement pas concrétisé. 😉

RECHERCHER DE BONNES INFORMATIONS ET SE RAPPELER LES FAITS

Si on l'expose de façon régulière ou continue à des nouvelles inquiétantes, le cerveau semble avoir de plus en plus raison de s'inquiéter! De nos jours, les informations transmises par des médias de tout ordre, incluant ceux qui sont peu fiables ou recommandables, bombardent notre quotidien. Certaines données sont exagérées ou minimisées et gagneraient à être filtrées de façon plus étroite.

Nancy a lu sur Internet que de consommer du sucre pendant la grossesse pouvait occasionner de l'hyperactivité chez le bébé à naître; elle se croit maintenant coupable d'avoir causé le TDAH de son fils.

Il importe donc de se rappeler qu'un regard critique sur ce qui est véhiculé et la recherche d'informations de qualité peuvent prémunir contre des sources de stress ou d'anxiété injustifiées, en plus de conduire à une meilleure compréhension de ce qui se passe réellement.

RÉCIT DE PSY

Médecin autoproclamé

Souffrant d'un symptôme physique inhabituel, mon ami Léonard a consulté le Web afin de savoir si ça indiquait une maladie grave. Évidemment, selon ses recherches, ses sensations étaient causées par un cancer et il lui fallait voir son médecin dans les plus brefs délais. Malgré les mises en garde des gens autour de lui et mes moqueries – je ne pouvais m'empêcher de le féliciter pour son diplôme de médecine obtenu sur Internet –, il ne cessait de paniquer et de ruminer. En poursuivant sa démarche, il a d'ailleurs amplifié son malaise, accéléré ses battements de cœur et empiré ses étourdissements.

Ayant pris rendez-vous avec son praticien quelques jours plus tard, il a regretté amèrement de s'être préoccupé autant d'un virus anodin. Conscient qu'il ne doit pas se fier à tout ce qu'il lit, il se tourne maintenant vers des ressources plus fiables; il se refuse cependant encore à admettre que son amie Ariane a toujours raison... 😉

FAIRE CONFIANCE

Pendant un épisode de grand stress, douter des compétences ou des intentions des autres est un réflexe qu'on pourrait qualifier de protecteur, pour un individu dont la confiance a été ébranlée. Cela étant, une méfiance indue empêche ce dernier de bénéficier de l'aide et du soutien de personnes qui pourraient faciliter la résolution de ses difficultés. Réapprendre à faire confiance est donc un excellent moyen de parvenir à se relever d'une épreuve et de cultiver sa résilience. Mais comment ?

Généralement, une personne choisit de faire confiance à une autre sur des bases objectives (en se fiant aux compétences, aux qualités d'une personne ou encore d'un système) ou imposées par la norme (on fait confiance à son gouvernement, à l'école de ses enfants, etc.). La confiance comporte néanmoins toujours une part irrationnelle, émotive et intuitive, qui constitue de fait un acte de foi.

Lorsqu'on émerge d'une situation difficile, le risque de devenir victime de l'incompétence ou de la malveillance des autres peut être plus difficile à tolérer. Or, pour réapprendre à leur faire confiance, l'une des stratégies les plus efficaces demeure de gagner la leur. En s'ouvrant aux autres et en faisant preuve de loyauté et de sincérité, on s'expose spontanément à un regard positif. Les autres nous feront alors plus confiance ; réciproquement, il deviendra plus facile de croire en eux et elles.

Se faire confiance à soi-même est également important. Il est beaucoup plus facile de surmonter une épreuve avec la conviction de posséder ce qu'il faut pour le faire, plutôt qu'en doutant de ses capacités. Repenser à ses expériences positives, où on a mobilisé ses compétences et ses ressources ou vaincu un obstacle, permet de réprimer ses perceptions de soi négatives et de relativiser ses craintes. En rejouant des succès, de sorte à ressentir de nouveau les émotions qui y ont été associées, le cerveau reçoit un message positif et active la production d'hormones antistress. Ces dernières modifient la perception négative et anxieuse qu'on a de l'avenir et aident à poser un regard positif sur soi.

Jules est inquiet de son intégration dans sa nouvelle université. Inscrit dans un programme de football, il redoute de tomber sur une équipe tissée serré, dont il se sentirait mis à l'écart. Pour garder une attitude positive et rehausser sa confiance, il se rappelle les fois où il a dû se joindre à des groupes déjà formés et l'aisance avec laquelle il s'en est finalement tiré.

FAIRE PREUVE DE SOUPLESSE ET D'ADAPTABILITÉ

Il est fort probable que l'individu soit mis à l'épreuve par des différences imposées dans son quotidien par un événement de vie difficile. S'adapter, c'est faire preuve de souplesse émotionnelle et cognitive; voir le changement comme quelque chose qui va de soi, l'accueillir plutôt que lui résister et tirer profit de la nouveauté qu'il génère favorise la résilience.

RÉCIT DE PSY

Une séparation bien digérée

Une petite que ses parents avaient amenée en consultation pour l'aider à gérer leur séparation s'adaptait en fait si bien que je doutais de la pertinence de mon mandat. Nullement affectée par la garde partagée, les changements d'horaire ou les déménagements, cette gamine misait sur tous les points positifs de cette rupture. Elle se réjouissait donc de passer du temps en tête à tête avec un adulte, à tour de rôle, était très excitée à l'idée de posséder deux chambres et de changer régulièrement d'environnement, et espérait même que ses parents allaient rapidement se remettre en couple avec d'autres personnes, ayant des enfants de préférence. *Ça me fera plus de gens à aimer*, disait-elle, dans toute sa grande sagesse. Quel beau modèle de résilience!

CORRIGER LES MAUVAISES INTERPRÉTATIONS DES INDICES DE STRESS ET D'ANXIÉTÉ

Plus une personne se croit stressée ou anxieuse, plus son cerveau reçoit un signal lui indiquant qu'elle doit mettre en place des mécanismes pour contrer cet état. Il est essentiel d'identifier les symptômes physiques désagréables provoqués par des émotions autres, de sorte à ne pas accentuer l'impression de vivre du stress et de l'anxiété.

RÉCIT DE PSY

Prendre un verre de vin, mon minou

En temps de pandémie, tout juste après que le gouvernement eut choisi de mettre notre province sur pause, je me réveillais chaque nuit, au petit matin, et mettait beaucoup de temps à me rendormir. *Je dois être anxieuse* était la réflexion qui me venait pour expliquer ces éveils nocturnes, alors qu'en journée, je me sentais relativement sereine. En dépit de mes efforts pour me détendre le soir venu, la situation perdurait... jusqu'à ce que je réalise que sa cause n'était nullement l'anxiété. Le confinement me donnait l'occasion de cuisiner de bons repas que nous prenions en famille tous les soirs et que nous accompagnions d'un verre de vin. L'alcool, en petite quantité, a cet effet sur moi. Je blague d'ailleurs en disant que, pour bien dormir, je dois complètement m'en abstenir ou boire ma bouteille, juste à moi. 😉

S'ACCORDER LE DROIT DE RIRE

Les effets positifs de l'humour sont démontrés par différentes études et depuis plusieurs années déjà. Avoir un bon sens de l'humour serait associé à moins de stress et à une meilleure évaluation de soi, en plus de faciliter l'adaptation au changement[26]. Plus particulièrement, le rire réduit la production des

26. N. A. Kuiper, R. A. Martin et L. J. Olinger (1993). « Coping Humour, Stress, and Cognitive Appraisals », *Canadian Journal of Behavioural Science/Revue canadienne des sciences du comportement*, vol. 25, nº 1, p. 81-96.

hormones de stress, la douleur et la pression artérielle, tout en améliorant l'humeur, la créativité et l'immunité[27].

Dans une situation anxiogène, certains individus auront spontanément tendance à rire. Il s'agit d'un mécanisme de défense, soit d'une opération mentale involontaire et inconsciente qui contribue à atténuer les tensions internes et externes. Il est cependant possible de créer intentionnellement les conditions idéales pour se permettre de rire et de dédramatiser. S'entourer de gens reconnus pour être d'un naturel bouffon, regarder une comédie ou aller voir un spectacle d'humour en sont de bons exemples. Rire d'un événement porteur d'une lourde charge émotive, voire traumatisant, peut également en alléger le souvenir et aider à relativiser certaines perceptions – tant qu'on ne le tourne pas en dérision.

Pour soulager la peine qu'elle ressent d'avoir perdu tous ses cheveux pendant son traitement de chimiothérapie, Anick lance à la blague qu'elle s'est rasé la tête pour être solidaire de son mari, dont le crâne se dégarnit à vitesse grand V.

✚ Guérir par le rire

La thérapie par le rire a d'abord été expérimentée dans le milieu des années 1970 par Norman Cousins[28], qui, en utilisant cette stratégie combinée à la pensée positive, disait s'être guéri d'une maladie arthritique très douloureuse, considérée comme

27. C. Hassed (2001). « How Humour Keeps You Well », *Australian Family Physician*, vol. 30, n° 1, p. 25.
28. Ken Read-Brown. « Norman Cousins : Editor and Writer (1915-1990) », *Harvard Square Library*, [En ligne]. [www.harvardsquarelibrary.org/biographies/norman-cousins-2/] (Consulté le 8 juin 2020).

incurable. Sa méthode consistait essentiellement à visionner des films drôles aussi souvent qu'il le pouvait et à consommer de la vitamine C en très grande quantité.

Au début des années 1980, le docteur Patch Adams (incarné au cinéma par Robin Williams) soignait ses patients, vêtu d'un habit de clown, en utilisant le rire et l'humour. Aujourd'hui, les clowns thérapeutes sont présents dans des hôpitaux partout sur le globe. L'organisme canadien Dr Clown[29] visite pour sa part chaque semaine des hôpitaux et des centres d'hébergement et de soins de longue durée (CHSLD) de Montréal, Québec et Toronto depuis 2002. «Entrer en relation, briser l'isolement, apporter amitié et réconfort, aider à rendre les établissements de soins plus humains, valoriser la personne rencontrée en la traitant avec respect et bienveillance sont autant de bienfaits observés lors des interventions de nos clowns thérapeutiques», soutient cet organisme.

S'ENGAGER DANS DES ACTIVITÉS INTENTIONNELLES

Selon certaines données scientifiques[30], la façon d'organiser son temps et ses activités quotidiennes influencerait la résilience. En ce sens, en intégrant certains types d'occupations à son quotidien, une personne pourrait développer sa capacité à se relever après un coup dur, en restant active et investie.

- **Activités de centration.** Mouvementées et répétitives, elles activent plusieurs parties du corps et obligent à une

29. Dr Clown. «Accueil», [En ligne]. [fondationdrclown.ca] (Consulté le 8 juin 2020).
30. Hiba Zafran (2020, juillet). «Occupational Gifts in the Time of a Pandemic», *Occupational Therapy Now*, version préliminaire parue dans ResearchGate, mars 2020, [En ligne]. [www.researchgate.net/publication/340256861_Occupational_Gifts_in_the_Time_of_a_Pandemic] (Consulté le 14 juillet 2020).

certaine tension (course à pied, musculation, passage de la vadrouille ou de l'aspirateur, etc.).

- **Activités de contemplation.** Elles demandent de la présence d'esprit et de se concentrer sur le moment présent (regarder les étoiles dans un télescope, prier, méditer, observer la nature, etc.).
- **Activités de création.** Elles permettent de faire preuve d'imagination ou de créativité, ou d'apprécier l'art (écouter un film ou de la musique, peindre, danser, cuisiner, etc.).
- **Activités de communion.** Elles renforcent le sentiment d'appartenance et favorisent le réseautage (cinq à sept avec des collègues, repas familial, sport d'équipe, etc.).

SE METTRE EN ACTION

De manière générale, planifier et réaliser des actions plaisantes, valorisantes, importantes et chargées de sens améliore l'humeur et la santé mentale, nourrit le sentiment de maîtrise et suscite l'engagement. Un quotidien structuré incluant plusieurs activités de ce type est donc suggéré par plusieurs spécialistes de la santé : c'est ce qu'on appelle l'activation comportementale. À l'inverse de l'isolement, de la sédentarité et du détachement, cette approche vise entre autres à développer la résilience.

RÉCIT DE PSY

Le faire, même sans en avoir envie

Dresser un emploi du temps, planifier des activités, se donner un plan de match sont des stratégies efficaces pour éloigner la morosité et diminuer le stress et l'anxiété. L'activation comportementale, composante de la psychothérapie cognitivocomportementale pour le traitement de la dépression, propose à ce titre d'inscrire dans son planning non seulement des activités plaisantes, mais également des habitudes qui contribuent à un bon équilibre de vie: dormir selon un horaire déterminé d'avance, prendre des repas à heures fixes, faire de l'exercice quotidiennement et sortir à la lumière du jour, notamment.

Pour ma part, je demande à ma clientèle dépressive ou anxieuse de se plier à cette façon de faire, indépendamment de ses envies. J'explique en fait qu'il ne faut pas attendre de ressentir le désir de se mettre en action avant de le faire, puisque c'est plutôt le contraire qui se produira: c'est à force de se mettre en action qu'on en fait survenir l'envie.

S'ACCORDER DU TEMPS POUR ENCAISSER LE COUP

À la suite de l'annonce d'une mauvaise nouvelle ou d'un événement traumatique, le caractère imprévisible et nouveau de la situation provoque inévitablement une certaine dose de stress et d'anxiété. Le choc ébranle les repères de l'individu et peut altérer son jugement et ses perceptions. Le moment n'est donc pas indiqué pour procéder à de grands changements ou prendre d'importantes décisions. Il est au contraire recommandé de créer les meilleures conditions possible pour traverser les premières heures ou les premiers jours de cette période difficile, en s'entourant de personnes chères, en prenant soin de se reposer et en s'engageant dans des activités réconfortantes, notamment.

Jonathan, dont la femme est décédée le mois passé, songe à vendre sa maison; sa sœur lui conseille plutôt d'attendre quelque temps, question de ne pas prendre de décision pendant le vif de son deuil et de réfléchir à ses projets lorsqu'il sera moins envahi par ses émotions.

Ainsi, toutes les stratégies évoquées précédemment visent à contrer promptement les manifestations du stress et de l'anxiété. Cependant, lorsque la vie d'une personne a été grandement chamboulée par des événements traumatiques et qu'elle a déployé plusieurs efforts pour se relever, celle-ci peut-elle tirer profit de cette expérience ?

Solidifier le navire

LA CROISSANCE POST-TRAUMATIQUE

Le concept de croissance post-traumatique a vu le jour dans le courant des années 1990, basé sur les recherches de deux cliniciens étant intervenus auprès de gens ayant vécu des traumatismes[31]. Depuis, plusieurs scientifiques ont étudié les conditions qui amènent une personne à connaître une croissance post-traumatique, c'est-à-dire à acquérir à la fois la capacité à se relever après un événement difficile et à apprendre de cette expérience, de sorte à vivre mieux qu'avant. En développant cette aptitude, l'individu peut tirer profit de son vécu, remettre en perspective certaines valeurs et faire des changements qui lui permettront de grandir et d'évoluer. Plus concrètement, la recherche démontre que la croissance post-traumatique s'observe à travers des changements positifs

31. Christian Rousseau (2019, 27 mai). « La croissance post-traumatique : comment se transforme-t-on après un traumatisme ? », *RTBF – Week-end Première*, [En ligne]. [www.rtbf.be/lapremiere/emissions/detail_week-end-premiere/accueil/article_la-croissance-post-traumatique-comment-se-transforme-t-on-apres-un-traumatisme?id=10231546&programId=12394] (Consulté le 14 juillet 2020).

tels que des relations sociales plus solides, une meilleure vision de soi ainsi qu'une nouvelle façon d'envisager la vie[32].

Voici donc différents facteurs qui favorisent la croissance post-traumatique :

RÉÉVALUER LA SITUATION ET DONNER UN SENS À L'ÉPREUVE

De manière spontanée et naturelle, dans l'adversité, l'être humain tente d'expliquer ce qui lui est arrivé et cherche à obtenir des réponses. En modifiant sa compréhension de la situation, il influence de façon déterminante ses mécanismes biologiques ainsi que sa réponse émotionnelle. Encore une fois, sa perception de l'événement détermine la façon dont celui-ci sera vécu et génère ses émotions.

Philippe et sa famille l'ont échappé belle; bien que leur maison ait été complètement ravagée par les flammes, tout le monde était sorti pour la journée. L'homme se concentre d'ailleurs sur ce fait, remerciant le ciel de cette immense chance, plutôt que de porter son attention sur la perte de leurs biens.

Repérer, dans son expérience, des éléments sur lesquels appuyer son développement personnel, se dire que « rien n'arrive pour rien », croire que l'au-delà nous lance un défi ou tirer satisfaction du chemin parcouru après l'événement sont donc toutes de bonnes avenues pour avoir l'impression de grandir.

---

32. C. Martin-Krumm, C. Tarquinio et S. Joseph (2011). *Op. cit.*

Depuis le décès de son père, Marjorie s'est rapprochée de sa mère et entretient avec elle une relation dont elle n'aurait pas osé rêver, à l'approche de la mort de celle-ci.

+ J'aime mon stress

La science a récemment démontré que les gens courant le plus de risques de mourir de stress chronique sont les individus qui croient que le stress est nocif pour la santé[33]. Cela étant dit, un changement dans la perception du stress entraîne directement une réponse différente de l'organisme. La prochaine fois qu'un grand stress envahira votre quotidien, il serait donc meilleur pour votre santé de garder en tête que sa présence vous prépare à surmonter un défi de taille.

SE CONCENTRER SUR LES GAINS PLUTÔT QUE LES PERTES

Pendant une période difficile, les individus tendent à avoir une vision des choses généralement dichotomique, sans nuances, en noir et blanc. Bien entendu, une expérience s'avère toujours plus enrichissante lorsque les éléments qui permettent de grandir, d'évoluer, d'apprendre et de revoir certaines valeurs sont saillants. Cette réflexion n'est pas automatique pour plusieurs, mais il est indispensable de prendre le temps de réfléchir à la façon dont il serait possible de triompher d'une épreuve, et d'observer les changements positifs causés par ricochet.

---

33. *Ibid.*

Quelques jours après avoir été remercié à son travail, Loïc parvient à être reconnaissant envers son employeur de l'expérience qu'il a acquise, des collègues dont il a fait la rencontre ainsi que de l'occasion qui lui a été fournie de sortir de sa zone de confort. Il se consacre dorénavant à de nouveaux défis.

FAIRE PREUVE D'OPTIMISME ET RECONNAÎTRE SES BONS COUPS

Facile à dire, pas vrai? Aussi banal que cela puisse paraître, voir le bon côté des choses augmente la capacité de l'individu à reprendre des forces et à vivre mieux. Noter, spontanément ou avec un effort volontaire, de façon répétitive des éléments qui lui procurent du confort, de la joie ou du bonheur, ou même qui entraînent une mise en action bénéfique, peut l'aider à garder l'équilibre, même dans les moments les plus difficiles.

À la suite de dégâts d'eau dans leur sous-sol, le mari de Sarah la console avec de beaux projets de rénovation et ajoute qu'il serait bien temps d'en profiter pour faire un grand ménage.

D'ailleurs, sans même s'en rendre compte, une majorité de gens adoptent des comportements et attitudes aidants. Prendre le temps de s'arrêter pour apprécier ce déploiement machinal de ressources permet de réaliser qu'on a les bons outils pour affronter la situation.

Pendant la crise reliée à la COVID-19, Solenne s'est sentie dépassée par les événements et extrêmement stressée. Après avoir été incitée à réfléchir sur les changements qu'elle avait apportés pour que sa maisonnée tienne le coup, cette jeune femme a constaté qu'elle s'était adaptée d'une certaine façon: elle a instauré un horaire de devoirs pour ses quatre enfants, a attribué des tâches ménagères à chaque membre de la famille et s'est réservé des moments d'intimité et de détente entre adultes. Sans en prendre conscience, elle permettait à sa famille de préserver son harmonie et de traverser cette épreuve adroitement.

ENTRETENIR SES RELATIONS SOCIALES

Maintes fois mentionné dans cet ouvrage, le soutien social est l'une des armes les plus puissantes pour combattre le stress et l'anxiété, mais également pour maintenir une belle qualité de vie et demeurer en santé, physique et psychologique.

En période de stress post-traumatique, les effets de l'isolement peuvent s'avérer plus néfastes que ceux de l'événement en soi. Qu'il s'agisse de téléphoner à quelqu'un, de partager un repas, de prendre part à une activité sportive ou d'aider une autre personne à réaliser ses projets, renouer avec son entourage aide non seulement à surmonter l'épreuve, mais permet, à plus long terme, de vivre mieux qu'avant.

+ L'ocytocine, cette hormone sociable

Il en a déjà été question, plusieurs hormones contribuent au mécanisme de réaction au stress. Souvent oubliée, l'ocytocine est sécrétée lors d'une situation anxiogène, mais elle est pour sa part responsable de pousser l'individu à chercher de l'aide. En d'autres mots, l'ocytocine l'incite à s'entourer de gens aidants, à se confier et à faire part de ses ressentis. Elle protège aussi le système cardiovasculaire en régénérant certaines cellules qui ont été endommagées par le stress. Ses bienfaits sont optimaux lors des contacts avec autrui[34].

---

34. *Ibid.*

La sociabilité constitue donc un facteur de protection extrêmement important et favorise la résilience chez tous les êtres humains. Pour en tirer le maximum de bénéfices, il ne suffirait cependant pas de fréquenter des gens bienveillants, mais il faudrait de plus faire preuve d'altruisme[35]. C'est, autrement dit, du donnant-donnant.

+ Aider, ça aide !

Certaines études ont démontré que, chez des gens ayant vécu un événement de vie majeur et stressant, prendre soin des autres augmenterait la résilience. En effet, dans les groupes à l'étude, les individus n'adoptant pas de comportements d'aide ont vu leur risque de décès s'accroître de 30 %, alors que chez ceux qui aidaient les autres aucune augmentation du risque de mortalité n'a été observée[36]. D'autres recherches en psychologie sociale ont parallèlement prouvé qu'apporter son aide à une autre personne génère des émotions positives, diminue les sentiments négatifs, contribue à une meilleure image de soi et multiplie les chances qu'on reçoive de l'aide à son tour[37]. Ainsi, bien qu'ils ne soient pas inévitables, les effets négatifs du stress pourraient être contrebalancés par les comportements d'aide.

---

35. K. McGonigal (2013, juin). « Comment faire du stress votre ami », TED, [Fichier vidéo, en ligne]. [www.ted.com/talks/kelly_mcgonigal_how_to_make_stress_your_friend?language=fr] (Consulté le 15 juillet 2020).
36. *Ibid.*
37. R. J. Vallerand (2006). *Les fondements de la psychologie sociale*, 2e édition, Montréal, G. Morin, 741 p.

PARVENIR À L'AUTOCOMPASSION

L'autocompassion est une attitude de compréhension et de bienveillance à son propre égard. Alors qu'une personne peut, spontanément, éprouver de l'empathie à l'endroit d'une autre qui traverse une épreuve difficile, le jugement et les attentes dirigés vers soi sont parfois plus sévères. Les *je devrais montrer plus de force que cela*; *ça n'est pas si grave, ce qui m'est arrivé*; *allez, on ne va pas y passer l'année, je dois en revenir après tout* se font entendre sourdement dans l'esprit des victimes d'actes traumatiques. Il est de plus fréquent qu'elles ressentent un sentiment de culpabilité associé à l'événement. Or, l'autocompassion, qui ne s'exprime malheureusement que si on atteint un certain niveau de souffrance, est essentielle pour grandir à travers l'adversité.

Le syndrome du survivant

Ce syndrome, aussi connu sous le nom de «*konzentrationslager* syndrome», soit le syndrome des camps de concentration, peut survenir lorsque la victime «voit» la mort de près. Rongée par la culpabilité d'avoir survécu à un accident ou à un massacre, alors que d'autres ont péri, le ou la rescapée tend également à se questionner de façon incessante sur les raisons de sa survie, son incapacité à sauver d'autres personnes ou ses réactions au moment du drame.

Le syndrome du survivant est empreint d'une ironie dramatique: le traumatisme, très douloureux, est ainsi lié au fait d'être toujours en vie. Il conduit d'ailleurs régulièrement à la dépression et la thérapie est bien souvent nécessaire pour surmonter l'épreuve et parvenir à l'accepter.

L'autocompassion se déploie par trois attitudes:

- **La prise de conscience.** L'observation des indices corporels et psychologiques de stress intense permet d'abord de reconnaître le ressenti de l'individu. Plusieurs spécialistes insistent sur l'importance de ne pas nier les émotions éprouvées, mais plutôt de les accueillir avec chaleur.

Après avoir répondu à un appel d'urgence sur l'autoroute, Cédric, jeune ambulancier, se réveille la nuit et a des palpitations cardiaques fréquentes. En dépit de sa formation qui l'avait préparé au pire, il admet qu'il est très perturbé par les images qui lui reviennent souvent à l'esprit.

- **Le réconfort procuré à soi-même.** Les personnes anxieuses sont portées à se concentrer sur leurs inquiétudes, leurs torts et travers ou leur impression d'être inadéquates. Plutôt que de se juger, de se critiquer ou de se blâmer pour un événement ou une période difficile, adopter une attitude de bienveillance permet une meilleure adaptation. Réfléchir à ses besoins, respecter ses limites et accepter ses imperfections peut être très aidant à ce moment précis.

Mélanie s'était d'abord reproché de ne pas avoir pris la fuite lorsque son assaillant a pénétré dans le commerce qu'elle dirigeait, mais elle accepte maintenant que sa réaction de gel se soit imposée contre sa volonté.

- **La souffrance en tant qu'expérience humaine.** Les individus qui traversent un épisode difficile tendent généralement à croire que leur détresse est unique et que personne ne peut comprendre ce qu'ils vivent. De telles croyances viennent toutefois intensifier l'émotion négative. Convenir que d'autres éprouvent des sentiments similaires et faire confiance aux gens qui tentent de se montrer empathiques favorise la capacité à faire preuve d'humanité envers soi.

Après avoir subi une agression sexuelle, Olivier ressentait une honte immense qu'il refusait de dévoiler, par crainte d'être incompris. En se joignant à un groupe de soutien et en écoutant les autres participants et participantes, il a réussi à s'ouvrir et à verbaliser ses émotions, ce qui a lancé son processus de guérison.

SE DONNER DES OBJECTIFS

Surmonter des défis, mener à terme certains projets et connaître des succès renforce le sentiment d'efficacité et d'accomplissement. On se sent par conséquent plus en confiance lorsque se présentent des épreuves.

Se fixer des objectifs et se donner les ressources nécessaires (le temps, l'occasion, l'aide, la motivation, etc.) pour les atteindre suscite aussi une dose de fierté personnelle, en plus de permettre d'exercer une relative emprise sur son quotidien. De petits défis, suffisamment concrets pour être surmontés avec un peu d'efforts, sont parfois plus adéquats en temps de crise que de très grandes ambitions difficiles à satisfaire.

La mort de sa fille a plongé Marie dans une profonde dépression. Tranquillement, elle s'est remise à sortir prendre l'air, pour quelques minutes d'abord, puis elle s'est lancé le défi de marcher une demi-heure tous les matins. Sa persévérance lui a donné envie de recommencer également d'autres activités qu'elle avait alors délaissées, telles que cuisiner et jardiner. Ce faisant, Marie a repris lentement le contrôle de sa vie et s'est prouvé à elle-même qu'elle avait les ressources nécessaires pour se relever de son deuil.

SE RAPPELER LES STRATÉGIES QUI ONT DÉJÀ FONCTIONNÉ

Il y a fort à parier que, peu importe son âge, ses expériences de vie et ses ressources, tout le monde a déjà affronté l'adversité d'une façon ou d'une autre. En cernant les stratégies déployées pour surmonter une ancienne épreuve, les mesures mises en place pour s'aider soi-même, les types de pensées qui ont permis d'aller de l'avant ou les techniques de gestion utilisées, on s'aide certainement à réappliquer la recette gagnante.

+ Les biais de pensée à la rescousse

Les biais cognitifs sont des pensées rapides et intuitives, qui dévient de la pensée logique ou rationnelle et ne tiennent pas compte de toutes les informations pertinentes. Alors qu'ils peuvent altérer le jugement des gens en certaines circonstances, ils s'avèrent également utiles, parfois.

Le biais d'autocomplaisance est la tendance à s'attribuer le mérite de ses réussites et à attribuer ses échecs à des facteurs externes défavorables. En adoptant cette forme de pensée, l'individu se sent par conséquent plus en possession de ses moyens et capable d'apporter des changements positifs dans sa vie, ce qui peut être salutaire lorsque son estime est fragilisée par un événement traumatique.

Bien que les contextes diffèrent d'une épreuve à une autre et que certains ajustements soient souvent nécessaires, l'expérience cumulée par le passé peut se révéler d'une grande utilité.

Stéphane vit une immense déception amoureuse; sa conjointe l'a quitté sans avertissement. Pour se sentir mieux, il se rappelle avoir déjà apprécié la compagnie de ses amis dans des moments difficiles et prend l'initiative de leur téléphoner.

SE CONCENTRER SUR L'ESSENTIEL

Reprendre contact avec ses désirs réels, ses valeurs et sa mission, en délaissant l'opportun ou l'éphémère, permet de donner un sens profond à sa vie. Un attachement exclusif pour soi-même et ses intérêts aux dépens de ceux des autres constitue de l'égoïsme ; cela n'a rien à voir avec le fait de se recentrer, pour découvrir son soi authentique, accéder à ses ressources et optimiser son potentiel.

Il est commun d'entendre des gens ayant franchi de dures épreuves (deuil, maladie, dépression) raconter comment ils ont pris conscience de ce qui était important par-dessus tout pour eux et effectué ce « retour aux sources ». Repenser sa vie pour s'ancrer et éprouver un sentiment d'accomplissement ne peut être que salvateur, particulièrement après un traumatisme.

Après s'être relevée d'un cancer, Jeanne a décidé de faire du ménage dans sa vie ; fini, les courses folles qui la conduisaient à traverser ses journées tête baissée, les obligations professionnelles qui la tenaient loin de ses enfants et la constante recherche de confort matériel, au détriment de sa qualité de vie. Dorénavant, Jeanne vit le moment présent avec intensité et profite des petits plaisirs en bonne compagnie.

CONSIDÉRER L'AIDE D'UNE OU D'UN PROFESSIONNEL

La croissance post-traumatique passe par des changements qu'il peut être difficile de gérer par soi-même. Dans certains cas, les psychologues, psychothérapeutes, travailleuses et travailleurs sociaux, médecins, etc., ou les groupes de soutien peuvent aider l'individu à se concentrer sur ses forces et l'accompagner dans sa recherche de solutions. Il convient de garder à l'esprit que demander du soutien est en soi une stratégie de résilience, beaucoup plus qu'un aveu d'impuissance.

Conclusion

Vous voilà à la fin de ce livre qui, je l'espère, aura réussi à la fois à vous renseigner et à vous faire réfléchir sur le stress et l'anxiété. Avant de vous quitter, je me permets de vous rappeler quelques pièges à éviter :

- N'allez surtout pas croire que le stress et l'anxiété sont nécessairement nocifs, à proscrire complètement. N'oubliez pas qu'ils peuvent vous aider à mieux vous mobiliser et à mieux performer, lorsque bien dosés.

- Ne cherchez pas à tout prix à faire disparaître les sensations physiques qui y sont associées. Elles sont peut-être désagréables, mais vous pouvez les tolérer. Elles vous transmettent un message qui mérite d'être écouté.

- Évitez de fuir ce que vous redoutez. Vous donnerez alors trop de munitions au stress et à l'anxiété. Montrez-leur de quel bois vous vous chauffez.

- Ne nourrissez pas de pensées magiques ou dysfonctionnelles ni d'attentes irréalistes, comme croire que les difficultés se résorberont d'elles-mêmes. Maintenant que vous savez les identifier, employez-vous à les modifier.

- Ne baissez pas les bras devant l'énergie que ce travail demande ; faites preuve de persévérance et d'assiduité dans le déploiement des ressources nécessaires au combat.

- Ne vous isolez pas. Entourez-vous toujours. La présence des autres est votre meilleure alliée.
- Enfin, alignez-vous sur la personne que vous êtes vraiment. Vous êtes l'unique capitaine de votre navire ; ne laissez pas les flots vous convaincre du contraire.

Je vous souhaite un beau et paisible parcours.

Remerciements

Merci à toute la merveilleuse équipe de La boîte à psy, qui m'inspire et m'épaule dans chacune de mes réalisations. Un merci tout spécial à Jade Paré, magnifique superintervenante très allumée, pour ses recherches et ses idées qui ont rendu la rédaction de ce livre encore plus stimulante.

À propos de l'autrice

Ariane Hébert, déjà connue pour ses nombreux ouvrages pratiques destinés aux parents et aux intervenants, propose cette fois-ci un guide ponctué de faits vécus, de cas cliniques et d'exercices de réflexion permettant à l'adulte de développer ses capacités à gérer le stress et l'anxiété. Une lecture stimulante et des trucs pertinents sur un sujet on ne peut plus d'actualité!

Si vous avez des questions ou des commentaires, visitez le site Web de l'autrice:

Ariane Hébert : **boiteapsy.com**

Consultez également sa page Facebook : **La boîte à psy**

De la même autrice

De la même autrice

De la même autrice

De la même autrice

De la même autrice

De la même autrice

De la même autrice

Dans la même collection

Vous aimerez peut-être aussi...

Vous aimerez peut-être aussi...

Achevé d'imprimer
sur les presses de
Imprimerie H.L.N.
Imprimé au Canada - Printed in Canada